新興市場国サーベイ

グローバル・スタンダードと構造改革

坂元浩一 著

大学教育出版

はじめに

　2008（平成20）年10月、国際通貨基金（International Monetary Fund: IMF）は、G7、先進7か国財務大臣・中央銀行総裁会合とセットで開催されたIMF・世界銀行の年次総会に先立って、*World Economic Outlook*（世界経済見通し）を発表した。発表者のIMF調査局長のブランシャーは、前年からのサブプライム問題により、2009年の世界経済の経済成長率が3%に減速すると述べた。前年10月の予測の4.9%、2008年4月の3.7%からの成長率の引き下げである。アメリカの信用力が低い個人向け住宅融資（サブプライム・ローン）の不良債権化により、2009年4月の予測では−1.3%となっている。

　アメリカにとっては、今回の金融危機は、1998年のロシアの金融危機に端を発するヘッジファンド（LTCM）の倒産時を上回るといわれたが、現在では1930年代の世界恐慌に匹敵する規模であるとされる。

　こうした中で、日本経済は比較的難を逃れているが、その土台は新興市場経済と呼ばれる国々の高い成長率にある。アメリカその他先進工業国が不振でも、発展途上国の中で世界からの投融資の受け手として登場したこれらの国々の成長が寄与しているのである。

　また、米国証券ゴールドマン・サックス社が2003年10月発表の報告書で名づけた、BRICsを冠する投資商品は完全に定着した。BRICsとは、ブラジル、ロシア、インド、中国であり、同社の予測によれば、BRICsは、2040年にカナダを除くG6の経済規模を追い抜き、同年過ぎには中国がアメリカを追い抜いて世界一の経済大国となる。

　一方、2007年は、1997-1998年のアジア通貨・経済危機後10年目であった。今回のサブプライム問題と同じく、国際金融資本がもたらしたこの危機においては、数百万の人びとが貧困に逆戻りしたといわれた。しかし、同年6月にIMFがその機関誌に発表した論説、「アジア危機後10年」によれば、東南アジア諸国では、1997年7月のタイ・バーツ暴落に始まる危機から見事に経済

が回復して、それ以前を上回る経済水準に達したとしている。

　同様に、同じくアメリカ、ワシントンD. C.にある姉妹機関である世界銀行も、『東アジア・ルネッサンス』を刊行して、アジア地域の高度成長を高く評価した。

　しかしながら、IMFなどの指導下で構造改革、特に金融自由化を進めた新興市場経済において、21世紀になっても国際金融危機が生じてきた。そして、2008年9月からのアメリカを震源とする金融危機がこれら新興市場経済に及んでおり、深刻な経済・金融不安が起こる可能性があるといわれている。事実、2008年末には、ハンガリー、パキスタンがIMFとの経済安定化計画を結ぶに至った。

　本書は、こうした注目を集める新興市場国への接近を試みるものであるが、ふたつの方法論をとる。ひとつは「グローバル・スタンダードへの接近」である。日本人のわれわれが新興市場国をどうみるかでなく、世界がどうみるのか、世界の卓越した公民の投融資家がどのようにみているかということを学ぶことである。すなわち、かれらの「世界標準」へのアプローチの方法に習熟することである。

　もうひとつの接近方法は、構造改革に焦点を当てた「政策フレームワークへの接近」である。今日のグローバル化をもたらしたこれまでの経済自由化などの政策の実績と政策枠組みを、正しく理解することである。世界経済と新興市場国をG7と一緒に「取り仕切る」IMFと世界銀行が、その融資を条件にした構造改革あるいは経済自由化を1980年から開始している。そうした中でのこれまでの実績と抜本的な経済構造転換の政策フレームワークを理解することである。

　まとめると、第1に、定点的に、近年のデータや情報を使って新興市場国を「世界標準」から理解する。第2に、それをもたらした経済自由化政策を中心とした構造改革の歴史とその枠組みを包括的に理解することである。

　読者の多くは民間の方々であろうが、本書の接近方法は、民間関係者の見方も扱うが、各国政府、IMFや世界銀行など世界全体を対象として仕事をしているマクロ・エコノミストの方法論となる。

本書の対象の中心は、世界の民間投融資が集中する中所得国である。これらの新興市場国・経済に関わる問題は、常にG7/G8などの国際会議の俎上にのっている。新興市場国・経済から主要26か国を抽出してサーベイを行い、その他の国々は必要に応じて扱うのにとどめる。

　また、本書では、付録として、有用な資料やデータの解説も行う。インターネットを使ったホームページや英語などのビデオの利用の仕方も説明する。

　本書の制約としては、新興市場の多くの主要国・経済を扱うので、マクロ的な情報が中心であり、個々の国の個別の課題やテーマを深く掘り下げることはしない。むしろ、欧米の専門家が多用し、かつ比較的に入手可能な国一覧表を多く示して、投融資や政策実施の参考にすることを目指している。

　また、先進的な金融技術については、著者の能力を超えるものであり、扱わない。ただし、金融、経済の基本的な考え方や理解の仕方は、著者の講義や研修などでの経験を土台にしてわかりやすく解説する。

　本論文の構成としては、第1章から第7章で「グローバル・スタンダードへの接近」を行う。世界の国際経済・金融に関わる政策当事者のアプローチに焦点を当てて解説する。本書の冒頭に関連の事件を年表で示した。

　そして、「政策フレームワークへの接近」として、第8章で国際経済・金融政策の枠組みを扱う。全体的なフレームワークのみならず、政策内容まで詳述する。

　特に、第2次世界大戦後、アメリカなど先進工業国の支援の下に、途上国の経済政策に大きな影響を与えてきたIMFと世界銀行の途上国に対する経済自由化政策とその他の構造改革政策を解説する。主な対象期間は、同計画開始の1980年から最近年までである。

　そして、政策の実施状況と効果については、第9章で扱う。第10章では、グローバル化に対するリージョナル（地域）アプローチを説明する。地域レベルの貿易や投資のみならず、金融などその他の面にも焦点を当てる。

　第11章では、第8章と第9章の政策に付随する開発金融を扱う。全体像を示した後、経済協力と政府開発援助（ODA）を説明する。これら資金の受け手である面と、出し手である面も扱う。経済発展の結果、中国など経済協力と

して重要な国が現れたのである。
　そして、本書の最後では、特集企画で2つの事例国を扱い、またいくつかの事例国別のデータを示す。

2009年5月

　　　　　　　　　　　　　　　　　　　　　　　　　　　　　　著　者

新興市場国サーベイ
—グローバル・スタンダードと構造改革—

目　次

はじめに ……………………………………………………………………… *i*

略語表 ………………………………………………………………………… *xii*

新興市場国関連の年表 ……………………………………………………… *xiv*

第1章　世界経済と新興市場国 ……………………………………… *1*
1. 経済自由化と新興市場経済の登場　*1*
2. 新興市場国の概要　*4*
   - （1）　関係機関のサーベイ　*4*
   - （2）　本書の対象国・地域　*7*
   - （3）　世界経済・市場における比重　*8*
3. 新興市場国への接近方法　*10*
   - （1）　グローバル・スタンダードへの接近　*10*
   - （2）　政策フレームワークへの接近　*15*

第2章　基礎情報のサーベイ ………………………………………… *18*
1. 基礎的な情報・指標　*18*
   - （1）　基礎情報　*18*
   - （2）　基礎指標　*19*
2. 世界の国分類　*20*
   - （1）　所得　*20*
   - （2）　対外債務　*22*
3. 主要国の国際競争力ランキング　*24*
   - （1）　世界経済フォーラム（WEF）のランキング　*26*
   - （2）　スイス・ビジネス・スクール（IMD）のランキング　*27*
   - （3）　世界銀行のビジネス・ランキング　*27*

4. 新興市場国の競争力（格付け会社）　*28*
　　5. ガバナンス・ランキング　*30*

第3章　基礎構造の理解　……………………………………………… *32*
　1. 外部要因のサーベイ　*32*
　　（1）　非経済要因のサーベイ　*32*
　　（2）　国際経済環境のサーベイ　*39*
　2. 生産・所得構造　*42*
　　（1）　所得（分配を含む）　*42*
　　（2）　生産構造　*45*
　　（3）　インフレ・財政を含むマクロ経済　*46*
　　（4）　海外依存度　*50*
　3. マクロ経済予測　*50*

第4章　新興市場国のファイナンス　…………………………………… *55*
　1. 国際収支とファイナンス　*55*
　　（1）　国際収支の特徴と構成　*55*
　　（2）　国際収支不均衡の原因　*56*
　2. 国際収支不均衡のファイナンス　*57*
　　（1）　ファイナンスの手段　*57*
　　（2）　国際収支不均衡のサーベイ　*59*

第5章　国際貿易　………………………………………………………… *61*
　1. 世界と新興市場国　*61*
　2. 国別貿易概況　*61*

第6章　海外直接投資（FDI） ……63
1. 投資の概況　63
2. 多国籍企業　65

第7章　国際金融 ……69
1. 序論　69
2. 外国為替市場　71
   （1）外国為替取引　71
   （2）為替レートの動向　71
   （3）デリバティブ取引　71
3. 国際金融市場　75
   （1）最近の動向　75
   （2）株式市場　75
   （3）オフショア市場　77
4. ヘッジファンド　78
5. 政府系ファンド　79

第8章　国際経済・金融政策の枠組み ……82
1. ブレトンウッズ体制　83
   （1）ブレトンウッズ体制の変遷　83
   （2）ブレトンウッズ機関の概要　86
2. 国際通貨基金（IMF）　87
   （1）IMFの業務と組織　87
   （2）融資実績　88
3. 世界銀行　91
   （1）世界銀行の業務と組織　91
   （2）融資実績　92

4. 世界貿易機関（WTO） *95*
　　5. 構造改革の内容 *96*
　　　（1） 計画・政策の枠組み *96*
　　　（2） 政策内容 *103*
　　6. 政策文書への接近 *113*
　　　（1） IMFの文書 *113*
　　　（2） 世界銀行の文書 *116*

第9章　国際経済・金融政策の成果 ……………………………… *119*
　　1. 全体の成果 *119*
　　　（1） IMF・世銀の融資状況 *119*
　　　（2） 債務救済 *121*
　　　（3） 構造改革政策の全体的実績 *124*
　　2. 構造政策の進捗と成果 *125*
　　　（1） 為替レート制度 *125*
　　　（2） 国際経済取引の国比較 *130*
　　　（3） 貿易自由化 *131*
　　　（4） 投資自由化 *134*
　　　（5） 国際金融自由化 *134*
　　3. 地域別・国別の動向 *138*
　　　（1） 全体の動向 *138*
　　　（2） アジア通貨・経済危機 *140*

第10章　リージョナル（地域）アプローチ ……………………… *146*
　　1. 地域協力の重要性 *146*
　　2. 地域協力機構・取決め *147*
　　3. 地域協力の現状と今後の方向 *148*

（1）　国際金融・マクロ経済　*148*
　　　（2）　貿易　*149*
　　　（3）　投資　*149*
　　　（4）　インフラ　*150*

第11章　経済協力 ……………………………………………………… *151*
　1. 経済協力とODA　*151*
　2. 新興市場国の経済協力　*153*
　　　（1）　経済協力の広義の枠組み　*153*
　　　（2）　経済協力の実績　*154*

おわりに ……………………………………………………………… *157*

特　集 ………………………………………………………………… *159*
　A. 南アフリカ共和国でのフィールド調査結果（2008年9月）
　　「資源価格高で潤う南アフリカ」　*159*
　B. フィリピンの投資動向　*164*

付　録 ………………………………………………………………… *165*
　A. IMF 統計の入手法　*165*
　B. IMF ホームページのビデオの利用法　*166*
　C. 世界銀行の資料の入手法　*167*
　D. 地域別・国別情報　*169*

参考文献 ……………………………………………………………… *174*

謝　辞 ……………………………………………………………… *178*

●略語表

略語	英文タイトル	和文対訳
AL	Adjustment loan	（構造調整支援の）調整融資
APEC	Asia-Pacific Economic Cooperation	アジア太平洋経済協力会議
BWIs	Bretton Woods Institutions	ブレトンウッズ機関
CAS	Country Assistance Strategy	（世銀）国別援助戦略
CCL	Contingent Credit Lines	予防的クレジットライン
CDF	Comprehensive Development Framework	包括的な開発フレームワーク
CFF	Compensatory Financing Facility	補償的融資ファシリティ
CG	Consultative Group	世銀主催の援助協議グループ
DAC	Development Assistance Committee	開発援助委員会
DPL	Development Policy Lending	開発政策融資
EFF	Extended Fund Facility	拡大信用供与ファシリティ
EPA	Economic Partnership Agreement	経済連携協定
ESAF	Enhanced Structural Adjustment Facility	拡大構造調整ファシリティ
ESF	Exogenous Shock Facility	外生ショック・ファシリティ
FTA	Free Trade Agreement	自由貿易協定
GATT	General Agreement on Tariffs and Trade	関税および貿易に関する一般協定
GFSR	Global Financial Stability Report	国際金融安定性報告書
GDF	Global Development Finance	世界開発金融
HIPC	Heavily Indebted Poor Countries	重債務貧困国
IBRD	International Bank for Reconstruction and Development	国際復興開発銀行
ICSID	International Center for Settlement of Investment Disputes	投資紛争解決国際センター
IDA	International Development Association	国際開発協会
IEO	Independent Evaluation Office	独立評価局（IMF）
IEG	Independent Evaluation Group	独立評価グループ（世界銀行）
IFC	International Finance Corporation	国際金融公社
IMD	Institute for Management Development	（スイスのビジネス・スクール）
IMF	International Monetary Fund	国際通貨基金
IMFC	International Monetary and Financial Committee	国際通貨金融委員会
LTCM	Long-term Capital Management	（ヘッジファンド）
MDGs	Millennium Development Goals	（国連）ミレニアム開発目標

MDRI	Multilateral Debt Relief Initiative	多国間債務軽減イニシアティブ
MIGA	Multilateral Investment Guarantee Agency	多数国間投資保証機関
OED	Operations Evaluation Department	世銀の業務評価局
PCR	Project Completion Report	業務終了報告書
PPAR	Project Performance Audit Report	業務事後評価報告書
PRGF	Poverty Reduction and Growth Facility	貧困削減・成長ファシリティ
PRSP	Poverty Reduction Strategy Paper	貧困削減戦略ペーパー
SAF	Structural Adjustment Facility	構造調整ファシリティ
SAL	Structural Adjustment Lending	構造調整融資
SAP	Structural Adjustment Program	構造調整計画
SAP	Social Action Program	社会行動計画
SDR	Special Drawing Rights	特別引出権
SECAL	Sector Adjustment Lending	部門調整融資
SIP	Sector Investment Program	部門投資計画
SLF	Short-term Liquidity Facility	短期流動性ファシリティ
SRF	Supplemental Reserve Facility	補完的準備ファシリティ
STF	Systematic Transition Facility	体制移行融資
SWAP	Sector Wide Approach	セクター・ワイド・アプローチ
WDI	World Development Indicators	世界開発指標
WEF	World Economic Forum	世界経済フォーラム
WEO	World Economic Outlook	世界経済見通し
WTO	World Trade Organization	世界貿易機関

●新興市場国関連の年表

	世界情勢			先進工業国経済			新興市場	
	政　治	国際市場		米　国	日　本	ユーロ圏	アジア	ラテン・アメリカ
		石　油	金利他					
1971				ニクソンショック				
1973	第1次石油ショック	価格引上げ		変動相場制へ移行				
1978	第2次石油ショック	価格引上げ						
1980			高金利					
1981				レーガン政権樹立				
1982								メキシコの経済危機
1985				プラザ合意	プラザ合意			
1986								
1987				ブラックマンデー				
1988								
1989	ベルリンの壁崩壊				バブル経済			ベネズエラで暴動
1991	湾岸戦争、ソ連邦崩壊							
1993								
1994								メキシコの経済危機
1995								
1996								
1997							アジア経済危機	
1998							アジア経済危機 インドネシアで暴動 スハルト大統領退陣	
1999						ユーロ導入		ブラジルの経済危機
2001	同時多発テロ アフガニスタン戦争			ゼロ金利（～2006）			中国がWTO加盟	アルゼンチンの経済危機、暴動発生
2002								ブラジルの経済危機
2003	イラク戦争							
2004								
2005								
2006								ボリビア新大統領、電力の再国有化宣言
2008		100ドル突破		リーマンブラザーズ破産				
2009								

新興市場国関連の年表

国・地域	政策		
その他地域	国際経済	IMF	世界銀行
	フリードマン『選択の自由』刊行	世銀、最初のSAL供与（フィリピン、トルコ、ボリビア等）	
	ベーカー提案		
		ESAF導入	世銀機構改革
	UNICEF、『人間の顔をした構造調整』刊行		
	ブレディ提案 ワシントン・コンセンサスが名づけられる。		
	ポーランド、エジプトの債務を帳消しにする。		
			『東アジアの奇跡』刊行
	WTO設立		
	OECD・DAC、新開発戦略を発表	HIPC導入	HIPC導入
ロシアの経済危機	ヘッジファンドLTCM破綻		CDF導入
	ケルン・サミットでHIPC二国間債務帳消しと拡大HIPC合意	拡大HIPC、PRSP導入、ESAFをPRGFで代替	拡大HIPC、PRSP導入
	WTO、ドーハラウンド立ち上げ	評価局設立、最初の評価レポート	
トルコの経済危機			
			世銀SALをDPLで代替
	援助改革パリ宣言（DAC）		世銀、対HIPC債務帳消し発表
		IMF、対HIPC債務帳消し発表	
ハンガリーの経済危機	G20金融サミット	SRF導入	
	G20金融サミット（4月）		

第 1 章

世界経済と新興市場国

1. 経済自由化と新興市場経済の登場

　今日 BRICs として存在感を高めているのが、21世紀の大国、ブラジル、ロシア、インド、中国である。アメリカ最大の証券会社ゴールドマン・サックスが 2003 年に名づけたが、投資ファンドとしても定着し、またこれら 4 か国が政策協議を行うようになった。これらの国々に加えて、経済自由化を進めた結果外国からの投融資先として注目を浴びているのが、途上国の中の新興市場国ないし新興市場経済（Emerging market economies）と呼ばれる国々である。

　BRICs 以外で 20 数か国が新興市場国・経済といわれている。BRICs 以前に脚光を浴びた国々は、新興工業経済群（NIEs）である。アジア NIEs は、韓国、台湾、香港、シンガポールを指し、早くも 1960 年代から輸出志向の急激な成長を遂げて、今日では東南アジアにおいて日本を凌駕する投資国・地域となっている。

　今日の新興市場経済を生み出したのは、国際通貨基金（International Monetary Fund: IMF）と世界銀行（World Bank、以下世銀と呼ぶ）である。両機関は、第 2 次世界大戦後の世界経済の復興と発展のためのブレトンウッズ協定（Bretton Woods Agreement）によって誕生した。

　設立当初は戦後復興のヨーロッパを中心とする先進工業国が主な融資対象

国であったが、これらの国々の経済の復興に伴って、その後途上国への融資が中心となった。1990年代以降においては、融資対象国のほとんどは途上国である。アメリカなど主要先進工業国が支援するIMF・世銀は、これらの国々の政府の支持をバックに世界経済や途上国経済を取り仕切る存在である。

その背景として、第2次世界大戦後に政治的独立を勝ち取った多くの途上国は、政府主導で工業化を中心とする経済開発を開始した。国連は何度かの「開発の10年」を設けて、途上国政府主導の開発を支援してきた。

ところが、経済運営と開発の主導権は1980年代初頭に国連からIMF・世界銀行に移った。直接の契機は、1979年の英国サッチャー政権、1981年のレーガン政権樹立である。両政権は、途上国の政府介入政策を思想面で支えたケインズ主義が先進工業国で経済低迷をもたらし、それによって勢力を増した新古典派の影響を受けて、経済自由化を核とする新保守主義の経済政策を支持することとなった。そして、両政権は、自国のみならず、世界規模で経済自由化を開始した。日本を含む先進工業国に対してアメリカは二国間で圧力をかけたが、途上国に対してはIMFと世界銀行（ブレトンウッズ機関と呼ばれる）を介して経済自由化を勧告したのである。

当時、途上国・地域においては、1970年代の2回の石油ショックを背景とした第一次産品価格の上昇が同年代末に終わりを告げ、また石油危機による先進工業国の不況も相俟って、多くの途上国が深刻な経済危機に見舞われた。その打開のための融資の要請を受けた両国際機関は、1980年を皮切りに、融資の条件として急速な経済自由化を中心とした構造改革ないし構造調整を、世界中の途上国で強制的に推進したのである。

世界銀行が構造調整支援の融資を最初に供与したのは1980年である。当時の被融資国は世界の各地域にまたがっており、フィリピン、トルコ、ケニア、ボリビアなどである。平行して、国際通貨基金（IMF）の従来型の国際収支支援の融資も供与されることとなった。そして、支援の条件となる構造調整計画（Structural Adjustment Program: SAP）が、IMFと世銀主導で進められることとなった。

ラテン・アメリカにおいては、1982年のメキシコの大規模な債務危機が同

地域におけるSAPの開始となる。その後、同様な債務危機に陥った同地域の多くの国々が、一斉にSAPを開始することとなった。同国は、1994-1995年にも再度大規模な債務危機に陥った。

ラテン・アメリカ地域は比較的所得レベルが高いが、アメリカを中心とする欧米資本の投融資が多く、NAFTAの同盟国であるメキシコを筆頭に、アメリカ主導で両機関を通じて債務救済と融資による支援が行われた。

1989年のラテン・アメリカに関わるセミナーにおいて、IMF・世銀主導の構造調整計画（SAP）、特にラテン・アメリカのそれを、「ワシントン・コンセンサス」と名付けたのは、米国国際経済研究所のウィリアムソンである。このコンセンサスは、アメリカ政府財務省、ウォールストリート関係者、そしてIMF・世銀の三者によるものである。アメリカと多国籍企業の利益を代表してIMF・世銀が途上国に対して経済自由化を強いたという構造を指すものである。

こうした途上国の国内政策への介入は、東側ブロックの崩壊により、1990年代において世界規模で進められて今日に至っているのである。その後、1990年代以降かなりの自由化を達成した国が登場した。

しかし、多くが順調に自由化を達成して、経済を回復させたわけではなかった。東南アジア諸国は、1997-1998年に深刻な通貨・経済危機に見舞われた。1997年7月のタイでのバーツ暴落を端緒として、その危機は近隣国に波及して、東南アジアを中心とするアジア各国が瞬く間に経済不況に陥った。そして他の地域の新興市場経済の国々（ロシアやブラジル）にも波及し、最後はアメリカの株式市場の売りに発展した。

その後、東南アジア地域では危機前の水準まで見事に経済が回復したが、両国際機関の指導下で同様に構造改革、特に金融自由化を進めたアルゼンチン、ブラジル、トルコなど新興市場経済において、アジア危機後21世紀まで国際金融危機が続いてきた。

そして、2007年8月からのサブプライム問題と、2008年9月からの米欧金融危機が、ハンガリーとパキスタンなどに波及した。

要約すると、IMF・世銀主導の経済自由化によって今日の新興市場経済は

登場したといえる。しかし、同じく自由化によって生まれた巨大な国際金融資本の動きが新興市場の各国に大きな影響を与えるようになっている。

2. 新興市場国の概要

　ここでは一般に新聞や雑誌、その他で取り上げられている新興市場国の概要を基本的な文献で説明し、本書での分析の対象を示す。最後に、世界経済における比重を説明する。

（1）関係機関のサーベイ

　新興市場経済は、今日、世界市場において頭角を現した国、あるいは世界経済に占める比重が高まった途上国や移行経済を指す。それは、国だけでなく、香港、台湾などの地域も指す。IMFと世界銀行主導の自由化のお蔭で、世界における投融資先として重要性が高まった国々、地域が多い。具体的には、先進工業国を中心とする製造業企業など投資家、国際金融関係者、特に短期投資家が注目する国々である。

　国別競争力や各国の国債のレーティングが発表されているが、重要なチェックポイントは経済自由化を中心とするSAPないし構造改革の程度である。

　そして、両機関の政策を直接的に受けていない国々、例えば中国やシンガポールなども世界規模の自由化などに大きく影響を受けているので、本書ではこれらの国々も扱うことにする。2001年にWTOに加盟した中国も、大幅な経済自由化を課されてきたが、それは1980年からのIMF・世銀主導で行われた他国の自由化と同じ内容である。

　狭義の新興市場国・経済の具体的な国名としては、英国*Economist*（エコノミスト誌、隔週刊）の最終面で、以前「Emerging Market Indicators」で取り上げられた国々である。現在では、最終面とその前のページに先進工業国と一緒に、これら新興市場国の主要経済指標の一覧表がある。

表 1-1 は同誌に掲載されている先進工業国以外の国・地域の一覧表である。同誌に常時掲載される新興市場経済は、26 か国・地域（アジア 11、ラテン・アメリカ 7、中東・アフリカ 4、東欧・旧ソ連 4）である。

また、財務省所管の財団法人、国際金融情報センターは、ホームページ上で、「新興市場経済モニター」を発表している。2008 年 2 月 12 日現在で、新興市場国として 29 か国を選び、主要経済指標のうち貿易収支、経常収支、外貨準備、為替レート、物価、成長率について、年・四半期・月ベースのデータを一覧表で示している。

対象の新興市場経済国 29 か国は、以下のとおりである。

アジア地域
　韓国　台湾　シンガポール　中国　インド　タイ　マレーシア
　インドネシア　フィリピン　オーストラリア　香港　ベトナム　トルコ
ラテン・アメリカ地域
　メキシコ　ブラジル　アルゼンチン　チリ　コロンビア　ベネズエラ
　ペルー
東欧・ロシア地域
　ポーランド　ハンガリー　チェコ　スロバキア　ブルガリア
　ルーマニア　ロシア
アフリカ・中東地域
　南アフリカ　エジプト

途上国が大部分であるが、先進工業国であるオーストラリアが含まれている。

以下に、国・地域グループ別にみると、1960 年代に既に頭角をあらわし、今日アジアを中心として重要な投資国に成長した新興工業経済群（NIEs）がある。アジアでは、欧米で four dragons あるいは gang of four と揶揄された韓国、台湾、香港、シンガポールである。ラテン・アメリカでは、ブラジルやメキシコが挙げられるであろう。そして、これらの国々に続くのが、上記

表1-1 新興市場経済のトレンド

		工業生産、対前年比増加率、%	インフレ率（消費者物価指数、対前年比、%、2008）	失業率、%	金利（3か月物、%、最新値）	株式指数（2007年12月31日に対する増加率、USドルベース、%）	国際経常収支（対GDP比、%）	財政収支（対GDP比、%）
1	中国（本土）	+11.4	+4.6	9.5	3.99	-64.2	+8.5	0.4
2	中国（香港）	-4.2	+3.0	3.4	2.55	-46.3	+10.8	0.7
3	韓国	+6.1	+4.8	3.1	5.87	-53.9	-3.3	1.1
4	シンガポール	+2.4	+6.7	2.2	1.00	-47.4	+18.6	1.0
5	インドネシア	+2.9	+11.8	8.5	12.38	-57.1	+2.8	-2.0
6	マレーシア	+0.9	+8.2	3.5	3.64	-40.6	+13.7	-4.8
7	フィリピン							
8	タイ	+7.9	+3.9	1.3	3.85	-48.7	+1.1	-2.9
9	ベトナム							
10	インド	+1.3	+9.8	7.2	7.42	-58.6	-2.9	-4.3
11	パキスタン	-5.6	+23.9	5.6	14.96	-7.2	-6.7	
12	チェコ	-2.6	+6.6	5.3	4.46	-51.6	-2.8	-1.9
13	ハンガリー	-0.7	+5.7	7.7	11.64	-51.9	-5.5	-3.8
14	ポーランド	+7.0	+4.5	8.9	6.84	-52.3	-4.9	-1.9
15	ルーマニア							
16	ロシア	+6.3	+16.1	5.3	11.00	-63.8	+6.2	4.5
17	トルコ	-4.0	+12.0	9.0	21.20	-60.9	-6.4	-1.8
18	アルゼンチン	+4.4	+8.7	7.8	21.50	-49.6	+2.8	0.7
19	ブラジル	+9.8	+6.3	7.6	13.65	-50.1	-1.8	-1.6
20	チリ	+3.2	+9.9	7.8	9.00	-31.6	-0.5	6.5
21	コロンビア	-8.8	+7.6	11.1	10.07	-41.1	-2.6	-1.0
22	メキシコ	-1.6	+5.5	4.3	7.10	-39.8	-0.8	nil
23	ペルー							
24	ベネズエラ	+3.6	+36.0	7.5	17.02	-59.5	+14.8	1.6
25	エジプト	+6.8	+21.5	8.4	12.76	-49.0	+0.2	-7.1
26	南アフリカ	+0.4	+13.1	23.2	12.40	-48.5	-7.7	0.2
	台湾	-1.4	+2.4	4.1	2.55	-42.2	+5.6	-1.8
	日本	+0.4	+2.1	4.0	0.64	-35.1	+4.0	-3.0
	アメリカ	-4.5	+4.9	6.1	1.95	-31.1	-4.6	-3.2
	ユーロ圏	-0.7	+3.2	7.5	4.66	-46.4	-0.4	-0.9
	ドイツ	+1.7	+2.4	7.5	4.66	-42.8	+6.7	1.1
	フランス	-2.6	+3.0	7.9	4.66	-42.4	-1.7	-2.9
	イギリス	-2.2	+5.2	5.7	5.58	-43.0	-3.0	-3.8

出所：*The Economist, November 8TH～14TH 2008*、を利用して筆者作成。

Economist 誌に載っている他の国であり、主に東欧諸国や ASEAN4[1] である。後者は、1997-1998 年のアジア通貨危機の舞台となった国々である。

さらに、国際金融関係者の間で有名なのは、ゴールドマン・サックス（Goldman Sachs）証券が 2003 年 10 月に発表した報告書である。同報告書で、昨今、国際的投資信託の対象として定着した BRICs が命名された。すなわち、ブラジル、ロシア、インド、中国という大国である。その予測によれば、BRICs は、2040 年にはカナダを除く G6 の経済規模を追い抜く。また、中国は 2015 年に日本を、2040 年過ぎにはアメリカを追い抜くと予想している。

そして、世界銀行は 21 世紀の世界経済を主導する大きな途上国として、中国、インド、インドネシア、ブラジルなどを挙げている。ロシアは 1991 年 12 月のソ連邦崩壊後経済が混迷したが、石油価格の高騰による資源ブームで経済が回復した。しかし、構造面、自由化の程度の面での評価は低い。

また、米国国際経済研究所は LEMs（巨大新興市場経済）を挙げている。すなわち、BRICs に加えて、南アフリカ共和国（South Africa）、アルゼンチン、インドネシア、韓国、メキシコ、サウジアラビア、トルコである。

最近の動きでいえば、2005 年 12 月に、ゴールドマン・サックス社は、BRICs に続いて経済的に成長すると予想した 11 か国を、N-11（next 11、ネクストイレブン）として挙げている。すなわち、バングラデシュ、エジプト、インドネシア、イラン、韓国、メキシコ、ナイジェリア、パキスタン、フィリピン、トルコ、ベトナムである[2]。

（2）本書の対象国・地域

以上のサーベイによれば、一群の国々が新興市場国であるということがわかる。しかし、今日の世界市場への登場を導いた IMF と世銀は特に新興市場経済として特定の国をグループ化していない。IMF の *World Economic Outlook*（WEO、「世界経済見通し」）では、アフリカの多くの国も含めて「新興経済」としている。両機関の自由化を中心とする構造改革で、世界経済ないし世界市場に新たに参入しているとして多くの国が挙げられている。

本書では、新興市場国全体を対象とすると同時に、表 1-1 とその他の表でみ

るように、地域別にまとめて26か国を主な対象国・地域として、以下で論述していく。世界の各地域の主要国は含まれており、データ入手可能性やテーマによっては他の国も扱っている。特に、台湾はNIEsとして重要であるが、比較可能な一覧表が入手困難で、本書の一部で扱うのみである。台湾は、IMF・世銀には加盟していないのである。

（3） 世界経済・市場における比重

　前項において、主要機関が挙げる新興市場経済を説明したが、ここではその世界経済における大きさをみることにする。

　「世界経済見通し」（WEO）は、IMFによって毎年春と秋に刊行される。WEOは世界経済の現状分析と翌年の予測を行う最も権威ある報告書である。G7出席者は、同じ週末にWEOを基に、世界経済を論じるのである。WEOが先に発表され、記者会見が行なわれる[3]。

　WEOの付録にいつも真っ先に掲載されるのが、表1-2である。世界経済・金融のリーダーたちの世界経済に対する見方がわかる。まさにワシントンD.Cの見方である。この表でわかる主要ポイントは以下のとおりである。

① GDPは購買力平価で図った実質GDPであるが、世界第2の経済大国は日本でなく、中国である。しかも、その規模は日本を大きく引き離している。さらに、BRICsの一角のインドが2007年には日本と同規模に達したことがニュースとなった[4]。

② NIEsと挙げられているのが、アジア4か国。人口が1％強で、世界の貿易の1割弱を占める。中国の輸出が大きくなって、その規模が小さくなっているが、これらのアジアNIEsは東南アジアにおける最大の投資元としても重要である。日本を上回る投資が行われているのである。

③ アメリカ、ユーロ圏、そして日本の合計が44.0％。BRICsの合計が21.4％。併せると世界のGDPの3分の2を占める。G7の合計は、43.5％である。

　忘れてはならないのは、EUに含まれる東欧諸国である。後にみるが、最も直接投資が行われているのがこの地域である。

表1-2 G7が見る世界経済構造（ワシントン発）

	国の数	実質GDP		財・サービス輸出		人口	
		先進経済内での比率(%)	世界での比率(%)	先進経済内での比率(%)	世界での比率(%)	先進経済内での比率(%)	世界での比率(%)
先進経済	31	100.0	56.3	100.0	66.2	100.0	15.2
アメリカ		37.9	21.3	14.5	9.6	30.7	4.7
ユーロ圏	15	28.6	16.1	44.3	29.4	32.3	4.9
ドイツ		7.7	4.3	13.9	9.2	8.4	1.3
フランス		5.6	3.2	6.1	4.0	6.3	1.0
イタリア		4.9	2.8	5.4	3.6	6.0	0.9
スペイン		3.7	2.1	3.4	2.3	4.6	0.7
日本		11.7	6.6	7.1	4.7	13.0	2.0
イギリス		5.9	3.3	6.5	4.3	6.2	0.9
カナダ		3.5	2.0	4.4	2.9	3.3	0.5
その他の先進経済	12	12.5	7.0	23.2	15.3	14.4	2.2
メモ：							
主要先進経済（G7）	7	77.2	43.5	57.9	38.3	73.8	11.2
新興工業経済（アジア）	4	6.6	3.7	13.4	8.9	8.4	1.3
		新興市場経済・途上国内(%)	世界での比率(%)	新興市場経済・途上国内(%)	世界での比率(%)	新興市場経済・途上国内(%)	世界での比率(%)
その他の新興市場経済と発展途上国	141	100.0	43.6	100.0	33.6	100.0	84.7
アフリカ	47	6.8	3.0	7.4	2.5	15.0	12.7
サハラ以南	44	5.3	2.3	5.5	1.9	13.6	11.5
ナイジェリアと南ア以外	42	2.8	1.2	2.8	1.0	10.1	8.6
中・東欧	13	9.3	4.0	13.6	4.6	3.2	2.8
独立国共同体	13	10.2	4.5	10.2	3.4	5.1	4.3
ロシア		7.3	3.2	6.8	2.3	2.6	2.2
アジア	23	46.1	20.1	39.3	13.3	62.3	52.9
中国		24.8	10.8	23.2	7.8	24.2	20.4
インド		10.5	4.6	4.1	1.4	21.2	18.0
中国とインドを除くアジア	21	10.8	4.7	12.1	4.1	17.1	14.5
中東	13	8.7	3.8	14.3	4.8	4.3	3.7
西半球地域	32	18.9	8.3	15.1	5.1	10.0	8.5
ブラジル		6.4	2.8	3.2	1.1	3.4	2.9
メキシコ		4.7	2.1	5.0	1.7	1.9	1.6
メモ：							
BRICs	4	49.0	21.4	37.3	12.6	51.4	43.5
重債務貧困国（HIPC）	31	1.8	0.8	1.3	0.4	8.4	7.1

出所：International Monetary Fund（IMF），*World Economic Outlook*, October 2008、を利用して筆者作成。

構造的に、中国を筆頭とする新興市場経済の比重が大きいことがわかる。

3. 新興市場国への接近方法

　新興市場国・経済を理解する接近方法として、本節では、「グローバル・スタンダード」と「政策フレームワーク」への2つの接近方法を説明する。後者については、第8章で詳述する。言い換えると、世界標準と政策の深い理解を目的とする。

（1）　グローバル・スタンダードへの接近
　「はじめに」で述べたように、本書では新興市場国に対して「グローバル・スタンダードへの接近」を行う。それには、2つの意味がある。ひとつは、世界が、具体的には世界の卓越した関係者が、どのように新興市場国・経済に接近するかを知ることである。例えば、IMFのマクロ・エコノミストや世銀など他の国際機関のカントリー・エコノミスト、民間の投融資担当者、途上国の政策担当者が着目する情報を知ることである。
　「グローバル・スタンダードへの接近」のもうひとつの意味は、上記と関わるが、上述の国際的に卓越した関係者の総合的なアプローチの方法に習熟することである。中所得国への投融資と政策介入においては、非経済・金融面を含む多くの要因を把握しながら、経済と関連付けて分析を行う。また、経済指標間の関係に留意しながら、総合的な理解や分析を行う必要がある。
　要するに、本書では「世界標準」への接近方法を示して、その結果をみることによって、新興市場国・経済をより理解することを主眼としている。
　本書の以下の章で展開するデータや情報を入手するために国際経済関係者が利用する必須の文献は、以下のとおりである。

① 　IMF発行のWorld Economic Outlook（「世界経済見通し」）
　　世界のマクロ経済の動向と翌年の予測が示されている。同報告書は、春

の春季総会と秋の年次総会の際に、世界に向けて発表される。最も権威のあるもので、経済予測は各国の世界経済予測のベースとなる。

この報告書では、世界の地域別、そして主要国別の生産、価格、雇用、国際収支などの主要指標の最近のトレンドと、将来の予測値を入手できる[5]。

② 世界銀行の『世界開発金融』(Global Development Finance)

債務と、直接投資や金融の過去の動向と今後の方向を知る。対象は途上国・地域と、東欧など移行経済である。先進国からの投資や融資の流れがわかる。

第1巻は総論、第2巻は国別データ。第1巻はHPでダウンロードできる。第2巻では、各国の今後の債務支払いの予定もわかる。

③ IMFのGlobal Financial Stability Report (GFSR)

現在世界経済の最大の波乱要因となっている国際金融に関するもので、年2回発行している。ホームページでダウンロードできる。

その他に、世界銀行の『世界開発報告』や『世界経済・社会統計』(World Development Indicators) などの文献を使うが、以下で利用する際に説明する。

一方、上記ではIMF・世銀のみ挙げたが、それ以外の機関や民間関係機関の見方も同じく参照している。前者として、BIS規制で有名な国際決済銀行(BIS)、後者としてムーディーズなど国際格付け会社である。これらは、主に「世界標準」を示す章で、入手資料を示す。

上記その他の重要情報を総括的に示したのが、表1-3である。EXCELファイルで3枚あり、それぞれA4サイズなどで1ページに収まるようになっている。

表1-3　国基礎情報シート
　　　　　　　　　　　　　　　　国名　主な対象年
　　　表1-3-1　国分類

	国　分　類
所得水準	
対外資産ポジション	
外貨獲得部門	
国債格付け（レーティング）	
その他	

出所：世界銀行『世界開発報告』、世界銀行『世界開発金融』（*Global Development Finance*）、矢野恒太記念会『世界国勢図会』、格付会社（ムーディーズ、S&P R&I）、World Bank, CPIA

表1-3-2　経済構造

所得	指標	年国分類
一人当たり水準	USドル	
成長率 　(2000-05年)	対前年比（％）	
規模	10億USドル	
（人口）	百万人	
分配		
ジニ指数		
絶対貧困層百万人		
対外債務負担度		
D.S.R.	％	
PV/XGS	％	
競争力		
カントリー		
WEF		
IMD		
国債格付け（レーティング）		
主要企業レーティング		

表1-3-3　社会構造

人口	指標	年
規模	百万人	
密度	（人／km^2)	
増加率 　(2000-05年)	％	
都市化率	％	
主要都市	百万人	
主要都市	百万人	
人口構成 15～64才	全人口比（％）	
民族 （日本人）	全人口比（％）	
宗教 （仏教）	全人口比（％）	
保健		
幼児死亡率		
出生時平均余命		
教育（可能ならば、女子も）		
識字率		
初等就学率		

出所：World Economic Forum, *Global Competitiveness Report*. Institute for Management Development, *World Competitiveness Yearbook*、格付会社

出所：World Bank, *World Development Indicators*（『世界経済・社会統計』）、Sil International, *Ethnologue*.

表 1-3-4　政治構造

制度	
政体	
（議会制民主主義）	
多党制導入年	
選挙年	
勢力状況	
与党	
野党	
大統領などの在職年	
紛争年	

出所：Routledge/Europa Publications, *Europa World Year Book.*

表 1-3-5　自然状況（資源賦存）

	特記事項
輸出	
埋蔵量	
可採年数	
気候	
雨量	
かんばつ年	
地理	
内陸国	
島嶼国	
主要港	
貿易ルート	

出所：『理科年表』、UN Office of High Representative of LDC, LDC and SIDC. Library of Congress, *Country Studies.* EIU, *Country Profile.*

表 1-3-6-A　国民所得（実質）
（単位：対 GDP 比率、%）

	2004	2005	2006	2000-07
				（成長率、%）
農業				
工業				
製造業				
サービス業				
GDP				

出所：GDPは、IMF, *International Financial Statistics* (*IFS*)、各国統計

表1-3-6-B　国民所得（名目）
（単位：対GDP比率、%）

	2005	2006	2007
消費			
民間			
公共			
投資			
設備			
在庫			
輸出			
輸入			
GDP			
貯蓄			
価格			
GDPデフレーター			
対前年比上昇率（%）			
消費者物価指数			
対前年比上昇率（%）			
賃金			
製造業平均賃金			
最低賃金			
失業率（%）			

出所：IMF, *IFS*.
　　　日本貿易振興機構（ジェトロ）
　　　『ジェトロセンサー』

表1-3-7-A　国際収支
（単位：百万ドル）

為替相場制度：	2006	2007
経常収支		
輸出		
輸入		
資本収支		
直接投資		
証券投資		
誤差・脱漏		
総合収支		
ファイナンス		
外貨準備		
IMF		
特別融資		
主要指標		
経常収支		
対GDP比（%）		
外貨準備		
外貨準備高		
輸入（CIF）		
輸入カバー率（月）		
為替レート		
名目為替レート		
実質実効レート（1995=100）		
商品交易条件（1995=100）		
関税率（工業製品、平均）		

出所：*IFS*.

表1-3-7-B　貿易構造
（単位：全輸出に占める比率、%）

農産物
製造業品
輸出価格
その他対外関係
地域協力機構
貿易など協定
外資比率
援助依存度（対GNI比）

出所：ADB, *Key indicators*. ジェトロ『貿易投資白書』

表1-3-8 財　政
（単位：　　）

FY	2006	2007
総合収支		
歳入		
贈与		
支出		
経常		
投資		
ファイナンス		
国内		
海外		
その他		
経常収支		
指標		
総合収支		
対GDP比（％）		
経常収支		
対GDP比（％）		
予算配分		
軍事		
社会部門		

出所：IMF, *Government financial statistics* (GFS). IMF, *Country Report*.

表1-3-9 金　融

金利	年利（％）
公定歩合	
市場金利	
国債利回り	

貨幣供給量	変化率（％）
M1	
M2	
市中銀行貸出額	
対民間	対GDP（％）
株価指数	（○○年＝100）

出所：*IFS*.

（2）政策フレームワークへの接近

本節では、構造改革を中心とした「政策フレームワークへの接近」方法を説明する。

しかし、ここでは、その概要を説明するにとどめ、詳しくは第8章以降で扱う。また、それを補完するものとしてのリージョナル・アプローチは第10章で説明する。

今日新興市場経済と呼ばれる国々は、1980年からIMF・世界銀行主導で、各国ベースで強制的かつ急速に進められてきた貿易や外国投資を含む広汎な経済自由化によって誕生したものである。欧米生まれの新古典派経済理論に根ざした政策内容について当初から今日まで見解の対立があるが、かれらの処方箋を多くの途上国が好むと好まざるにかかわらず受け入れてきたのである。よくいわれる世界経済のグローバル化に大きな貢献をしたことは重要なことである。

表1-4 構造改革支援のIMF融資

(2008年11月20日現在)

被融資国	発効日	失効日	承認額	未引出額	融資額
① スタンド・バイ信用					
ガボン	2007年 5月 7日	2010年 5月 6日	77	77	2
グルジア	2008年 9月15日	2010年 3月14日	477	315	162
ホンジュラス	2008年 4月 7日	2009年 3月30日	39	39	-
ハンガリー	2008年11月 6日	2010年 4月 5日	10,538	6,323	4,215
アイスランド	2008年11月19日	2010年11月18日	1,400	1,400	-
イラク	2007年12月19日	2009年 3月18日	475	475	-
ペルー	2007年 1月26日	2009年 2月28日	172	172	-
セイシェル	2008年11月14日	2010年11月13日	18	11	6
ウクライナ	2008年11月 5日	2010年11月 4日	11,000	8,000	3,069
合　計			24,196	16,813	7,453
② 拡大信用供与ファシリティ					
アルバニア	2006年 2月 1日	2009年 1月31日	9	1	7
合　計			9	1	7
①と②の合計			24,204	16,814	7,460

注：金額の単位は、100万SDR。1SDR＝1.49USドル（2008年10月末日現在）。
出所：IMFホームページ
　　　(http://www.imf.org/external/np/tre/activity/2008/112008.htm)、2008年11月28日。

　世界の各地域にはアジア開発銀行などの国際開発金融機関があるが、世銀は世界全体を相手にした国際機関である。これらの開発金融機関も、IMF・世界銀行の開発・援助枠組みにしたがって途上国への融資を行うのが基本である。

　本書ではその政策の枠組みを示して、その分析結果を見ることによって新興市場経済をより理解することを主眼としている。今後の新興市場国に関して、投融資や政策・営業方針を立てる場合の参考に資するものである。

　表1-4に、2009年11月20日現在のIMF融資の状況を示した。ハンガリーやウクライナが融資を決めたばかりである。詳細は第8章2.（2）項で説明する。

新興市場経済に関わる著作物の多くは民間活動を対象とした国際金融、国際経済の関係者や識者によって書かれており、本書の重要な特徴は、構造改革を中心とした政策に関わる総合的な理解のための枠組み、主にIMF・世銀などの「政策アプローチ」を提示することである。

　その際、途上国に関してマクロ・金融面に偏らないようにして、実務上、IMFがマクロ・金融を担当し、世銀がそれと整合性あるように、セクター（部門）などの各水準の構造調整／改革を行っている全体的な枠組みを提示する、こうした接近方法によって、セクターや事業（プロジェクト）に優先順位をつけることができる。

注
1) IMFの *World Economic Outlook* の経済予測で、特に取り上げられている。ASEAN加盟の10か国の中で経済規模の大きいインドネシア、タイ、フィリピン、そしてマレーシアである。
2) その他のグルーピングとしては、大和證券は、これから注目される「VISTA」として、ベトナム、インドネシア、南アフリカ共和国、トルコ、アルゼンチンが高成長のための条件を備えた有力新興国として、投資信託を販売している。
3) 2008年の場合、実質的な初日（10月8日）の9時に、開始した。
4) 同年のルピー高による。
5) HPで、報告書およびそのデータベースを、EXCELファイルなどにダウンロードできる。

第 2 章

基礎情報のサーベイ

　本章では、主要新興市場国・経済の基礎となる情報のサーベイを行う。まず第2章1.で、各々の国についての基礎情報を横断的にみていくこととし、第2章2.で国分類を行う。そして、第2章3.〜第2章5.で、国際競争力、債券の格付け、ガバナンスそれぞれについて、国比較を行う。

　その際、国際機関や欧米の専門家や識者が使う汎用性のある情報源を紹介する。

1. 基礎的な情報・指標

　本節では、オーソドックスに各国の基礎情報・指標を順を追って把握することを試みる。

（1）基礎情報

1）為替レート

　当該国の経済を知る場合、為替レートはまず重要である。第1に、実際の為替レートのトレンドは、*International Financial Statistics*（*IFS*）から入手できる。国際通貨基金（IMF）が発行する経済・金融統計を掲載した「国

際金融統計」である。本書では、後述の表 7-2 に示した。

　IFS は、JICA 図書館、大きな大学の図書館に所蔵されている。また、IFS の購入機関では、学生など構成員がデータを EXCEL にダウンロードできる。為替レートについては、IFS の数字の単位を示すところに通貨名が書いてある。したがって、世界のどの国だろうが当該箇所を見ることにより、通貨名がわかる。IFS の具体的な入手ステップは、付録参照。

　第 2 にチェックすべきは為替レート制度である。最新値が変動相場制度か固定相場制度のどちらによるものか知る必要がある。最新の情報は各国別に調べなければならないが、世界の国の一覧表は IMF のホームページからも入手し、印刷できる。相場制度の国一覧表は表 9-4 に示した。

2）会計年度

　経済に影響を与える点で政府の役割は大きく、会計年度ないし財政年度は重要である。IFS の 80 番台で財政のデータがあり、その単位を示すところに会計年度が書いてある。

　本書対象の 26 か国については、ほとんどが米国や西欧諸国と同じ 1 月から 12 月である。年度が異なるのは、以下のとおりである。

　4 月 – 3 月　インド、インドネシア
　7 月 – 6 月　パキスタン、エジプト

民間企業や公企業の場合、政府の会計年度と異なる場合がある。

（2）基礎指標

　まず新興市場経済に関する基礎指標を示す。世界全体の主要国の指標を、世界銀行の統計でみる。

　世界経済の構成国の基礎情報を入手する場合、世界銀行の『世界開発報告』（WDR）の巻末の主要世界開発指標（Selected World Development Indicators）を参照する。その文書の表 2-1 の主要開発指標（Key Indicators of Development）から抜粋したものが本書の表 2-1 である。一人当たり国民

総所得（GNI）の名目値と実質値（購買力平価（PPP）で計測）など経済指標と、平均余命など社会指標が示されている。WDR は毎年発行されるので、最新の統計が得られる。

　表を見てわかる基本的なことは、以下のとおりである。すなわち、発展途上国とは、一般に中所得国と低所得国に対応する。高所得国の中に含まれる、シンガポールや香港は以前途上国・地域と呼ばれたが、今日では卒業しているとみなされている。

　所得グループの分類は次節で説明するとして、表から地域別の平均もわかる。それによると、アジア地域は人口が多く、また発展段階もまだ高くないので、一人当たり所得は低い。豊かな地域は、東欧、ラテン・アメリカである。ラテン・アメリカ地域全体の平均所得は、5,540 ドル（2007）である。この表で、各新興市場国が地域全体の中でどういう位置づけにあるかがわかる。

　その他社会指標を含む総括的なデータブックは、世界銀行発行の（*World Development Indicators: WDI*）（『世界経済・社会統計』）である。

2. 世界の国分類

　いろいろな分類があるが、ここでは基本的なもののみを示す。少なくとも、国際経済、国際金融、経済協力に関わる関係者のほとんどがベースとすべき情報である。

　本節では、所得と対外債務の分類表を示す。つまり、どれだけ高い所得を稼いでいるのか、借金はどうなのか、ということである。

（1）所　　得

　表 2-1 で所得グループ別に分けると、既に述べたが、途上国は中所得国と低所得国に分かれる。『世界開発報告 2009 年版』によれば、分類は以下のとおりである。

表 2-1 主要経済・社会指標

		2007	2007	2005
		人口	国民総所得	成人識字率、%
		百万人	一人当たり、ドル	
1	中国	1,320	2,360	91
2	中国（香港）	7	31,610	…
3	韓国	49	19,690	…
4	シンガポール	5	32,470	93
5	インドネシア	226	1,650	90
6	マレーシア	27	6,540	89
7	フィリピン	88	1,620	93
8	タイ	64	3,400	93
9	ベトナム	85	790	…
10	インド	1,123	950	61
11	パキスタン	162	870	50
12	チェコ	10	14,450	…
13	ハンガリー	10	11,570	…
14	ポーランド	38	9,840	…
15	ルーマニア	22	6,150	97
16	ロシア	142	7,560	99
17	トルコ	74	8,020	87
18	アルゼンチン	40	6,050	97
19	ブラジル	192	5,910	89
20	チリ	17	8,350	96
21	コロンビア	46	3,250	93
22	メキシコ	105	8,340	92
23	ペルー	28	3,450	88
24	ベネズエラ	27	7,320	93
25	エジプト	75	1,580	71
26	南アフリカ	48	5,760	…
	日本	128	37,670	…
	中所得国	4,260	2,872	90
	中所得国と低所得国			
	東アジア・オセアニア	1,914	2,180	91
	欧州・中央アジア	445	6,051	97
	ラテン・アメリカ・カリブ	563	5,540	90
	中東・北アフリカ	313	2,794	73
	南アジア	1,520	880	58
	サハラ以南アフリカ	800	952	59

出所：世界銀行『世界開発報告2009』2008。

2007年の一人当たり国民総所得（GNI）
935ドル以下：低所得国
936-11,455ドル：中所得国
936-3,705ドル：下位中所得国
3,706-11,455ドル：上位中所得国
11,456ドル以上：高所得国

　おおよその目安として、中所得国は900ドル以上1万ドル未満、低所得国は900USドル以下の国々とみれるだろう。3,500ドル以下が低位中所得国、それ以上が高位中所得国である[1]。
　新興工業経済（NIEs）については、既に述べたように、シンガポールと香港は高所得グループに属している。国際機関のデータで捕捉できない台湾も同様である。人口が多い韓国も高所得国である。
　BRICsについては、すべて中所得国である。ブラジルとロシアが上位中所得国、インドと中国が下位中所得国である。インドは中所得国の中では所得レベルが下である。
　ただし、外務省や他国の援助機関が依拠する分類表は、OECD/DACのODA分類表である。外務省ホームページのODA白書から入手できる。しかし、おおむね上記の分類と同じである。特筆すべきは、低所得国の中に、後発開発途上国がさらに分類されていることである。

（2）対外債務

　世界銀行が毎年発表する債務統計は必見である。レポート名は、*Global Development Finance*（GDF）であり、邦訳版は、『世界開発金融』である。国際協力銀行の『国際協力便覧』にも常に掲載される。同便覧の2007年版の546-547ページに一覧表があるが、出所は「GDF2005年版インターネットホームページ」とある。
　GDFは、途上国に対する資金の流れを総括的に分析している。2巻に分かれ、第1巻が総論、第2巻に国別を含む詳細なデータがある。資金の流れとし

て、ODAを含む公的投融資、直接投資や証券投資を含む民間金融、双方を網羅している。債務のデータも豊富である。

第1巻のみホームページから全体的にダウンロードできる。第2巻については、少し古い年についてガーナ、メキシコ、フィリピンなど各地域の拠点国のみの詳しい統計がみられた。

表2-2で債務負担度による国別分類を示した。この表は最新号には掲載されていないが重要であり、本書では取り上げることにした[2]。債務残高の現在価値と、輸出ないしGNIとの比率によって、世界の途上国が分類されている。現在価値は、将来の支払い額を金利などの割引率で割り引いて、現在の価値を計算したものである。債務残高総額の現在価値と考えられる。

分類した結果を表2-3に示した。上記の分類基準と同様に、国分類表は最新号では掲載されなくなったが、国別の実際の数字を元に上記分類基準で国分類を行った。

主要なポイントは以下のとおりである。すなわち、ラテン・アメリカや東南アジアの中所得国の多くは、軽債務国ないし一般債務国である。過去に比較

表2-2 対外債務分類基準

	重債務国	一般（中）債務国	軽債務国
	対輸出比率が220%超か、対GNI比率が80%超	対輸出比率が220-132%か、対GNI比率が48-80%	対輸出比率が132%未満、かつ対GNI比率が48%未満
低所得国 一人当たり国民総所得（GNI）が735USドル以下（2001年）	重債務・ 低所得国	一般（中）債務・ 低所得国	軽債務・ 低所得国
中所得国 一人当たり国民総所得（GNI）が736USドル以上、9,075USドル以下（2001年）	重債務・ 中所得国	一般（中）債務・ 中所得国	軽債務・ 中所得国

注：2000-2002年の債務データを使った国分類である。
出所：World Bank, *Global Development Finance* (*GDF*) *2004*, *Vol.1*, 2004（ホームページ）を利用して筆者作成。

表2-3 債務負担度による国分類

(2004-2006)

重債務・低所得国	PV/XGS, %	重債務・中所得国	PV/XGS, %	一般債務・低所得国	PV/XGS, %	一般債務・中所得国	PV/XGS, %	軽債務・低所得国	PV/XGS, %	軽債務・中所得国	PV/XGS, %
ラオス	245	アルゼンチン	230	カンボジア	66	ブラジル	158	バングラデシュ	91	チリ	86
				ミャンマー	135	ブルガリア	110	ガーナ	53	中国	35
						コロンビア	143	インド	63	エジプト	69
						ペルー	140	ケニア	87	ハンガリー	127
						フィリピン	101	ナイジェリア	13	インドネシア	122
						ルーマニア	148	パキスタン	123	マレーシア	31
						スロバキア	67	ベトナム	45	メキシコ	62
						トルコ	200			モロッコ	72
										ポーランド	97
										ロシア	88
										南アフリカ	51
										タイ	40

注:PV/XGSは、債務残高の現在価値の輸出に対する比率である。数値は、2004-2006年の平均値。
出所:World Bank, *Global Development Finance 2008,* 2008、を利用して筆者作成。

して、債務負担度が軽減された。アルゼンチンなど国によっては高い国があるが、融資を受けながら経済発展を続けていくことが可能である。多くの国々が、国際資本市場からの資金調達に復帰することができた[3]。

3. 主要国の国際競争力ランキング

各国全体の国際競争力を比較したものとして、代表的なものは、*Global Competitiveness Report*(GCR)と、*World Competitiveness Yearbook*(WCY)である。結果は各紙で発表される。本節では、これらに加えて、世界銀行グループの国際金融公社(IFC)が発行するビジネス・ランキングを説明する。表2-4でランキングを比較した。

表 2-4　国別競争力ランキング

		世界経済フォーラム (WEF), GCR 2008-2009 順位 (対象 134 国)	世界経済フォーラム (WEF), GCR 2007-2008 順位 (対象 131 国)	IMD (スイスビジネススクール)、WCY 2008 順位 (対象 55 国)	世界銀行、DOING BUSINESS 2008 (世銀) 順位 (対象 178 国)
1	中国 (本土)	30	34	17	83
2	中国 (香港)	11	12	3	4
3	韓国	13	11	31	30
4	シンガポール	5	7	2	1
5	インドネシア	55	54	51	123
6	マレーシア	21	21	19	24
7	フィリピン	71	71	40	133
8	タイ	34	28	27	15
9	ベトナム	70	68		91
10	インド	50	48	29	120
11	パキスタン	101	92		76
12	チェコ	33	33	28	56
13	ハンガリー	62	47	38	45
14	ポーランド	53	51	44	74
15	ルーマニア	68	74	45	48
16	ロシア	51	58	47	106
17	トルコ	63	53	48	57
18	アルゼンチン	88	85	52	109
19	ブラジル	64	72	43	122
20	チリ	28	26	26	33
21	コロンビア	74	69	41	66
22	メキシコ	60	52	50	44
23	ペルー	83	86	35	58
24	ベネズエラ	105	98	55	172
25	エジプト	81	77		126
26	南アフリカ	45	44	53	35
	台湾	17	14	13	50
	日本	9	8	22	12
	アメリカ	1	1	1	3
	ユーロ圏				
	ドイツ	7			
	フランス	16			
	イギリス	12			

出所：World Economic Forum (WEF), *Global Competitiveness Report* (*GCR*) 2007-2008, 2008-2009, Institute for Management Development (IMD), *World Competitiveness Yearbook* (*WCY*) 2008, World Bank, *Doing Business 2008*, を利用して筆者作成。

(1) 世界経済フォーラム (WEF) のランキング

スイスの非営利組織、世界経済フォーラム (World Economic Forum：WEF) は、年1回ダボス会議を開くことで有名である。世界中の政・官・財界のリーダーが毎回、総数で500人以上が会し、世界のあらゆる問題について公的立場を離れて自由に議論する。例年1月に開催される。

WEFが毎年10月ごろに発行するのが、GCRである。日本でも各日刊紙がその内容を大きく取上げる。

WEFのホームページは、www.weforum.org. WEFのページではGCRレポート全体をダウンロードできる。また、地域別のランキングもある。最新版 (2008-2009年版) については、ホームページ上で、英語のみならず、フランス語、スペイン語、ドイツ語によるビデオを見ることができる。

2007年発行の2007-2008年版の55の国・地域のランキングは、WEFのWebサイトで見ることができる[4]。

編者のひとり、Porterハーバード大学教授は、経営分野では極めて著名な学者で、多くのテキストが書かれている。GCRのランキングについても、彼が理論的支柱となっており、その方法論は同報告書で図などを使って説明されている。

ランキングをつけるにあたって、おおむねマクロ経済安定、政府等の公的機関の能力、科学技術の受容力 (technological readiness)、経済の自由化の程度が主な評価項目となっている。

2008年に公表された2008-2009年版とその前年の結果を表2-4にまとめた。新興市場国でランキング上位に、シンガポール、香港、韓国、台湾の東アジア勢が並ぶ。他の地域では、東欧のチェコ、ラテン・アメリカのチリが高く評価されている。評価が低いのはベネズエラなどラテン・アメリカ地域に多い。

BRICsの両年のランクの変化は、以下のとおりである。中国34位から30位、インド48位から50位、ロシア58位から51位、ブラジル72位から64位となっている。

（2）スイス・ビジネス・スクール（IMD）のランキング

スイスの著名なビジネス・スクール、Institute for Management Development（IMD）が毎年5月にWCYを発行する。日本の日刊紙にも常に掲載される。評価の主なベースは、200以上の多岐にわたる指標と各国の多国籍企業の経営者のアンケートの結果である。指標毎に数量化している。

ホームページについては、www.imd.or.sh. Yearbookのページで、ランキングの結果のみならず、分析方法、指標の説明、事例国の指標別ランキング結果などが示される。

2008年5月発行の最新版では、ランキング発表20周年を記して過去との比較が行われた。1989年にトップの日本と対比させつつ、今日のアメリカが日本の悲劇を繰り返さないようにアドバイスしている。

表2-4によれば、トップのアメリカに次ぐのが、シンガポールと香港である。GCRと比較して、南アフリカの評価が低い。

2007年5月発行のWCYのランキングでは、対象国は53か国であるが、シンガポールや香港の評価は同様に高く、2007年版ではそれぞれ2位と3位になっている。中国も15位と高く、日本は24位と評価が低い[5]。

他のBRICsは、インド27位、ロシア43位、ブラジル49位となっていた。BRICs内では、GCRと同じ順位となっている。両方とも、ブラジルの評価は低い。

（3）世界銀行のビジネス・ランキング

世銀は「DOING BUSINESS」という年鑑を発行している。民間企業の業務ごとに詳しい情報がある。一部を表2-4に示した。国別では、その2008年版によれば、2003年の中国について、以下のような情報がある。

対官僚折衝日数（マネジメント）　　　18.3日
営業許可取得日数　　　　　　　　　　11.8日
腐敗（官僚への賄賂）対象企業の比率　72.6%

4. 新興市場国の競争力（格付け会社）

　ここでは、国際的な格付け会社の情報を元に競争力をみる。債券の格付け会社として、米国系 Moody's Investors Service と Standard & Poors があり、米英系の格付け会社として Fitch Ratings が有名である。日本の格付け会社としては、格付投資情報センターと日本格付研究所がある。

　投資信託の評価会社としては、モーニングスター（SBI ホールディングス系）、格付投資情報センター（独立系）がある。

　表 2-5 に格付会社の格付け結果を示した。ムーディーズ社は、Aaa、Aa、A、Baa、Ba、B、Caa、Ca、C の段階で格付けを発表している。そして、Aa から Caa までの格付けに、1、2、3 という数字付加記号を加えている。1 は、債務が文字格付けのカテゴリーで上位に位置することを示し、2 は中位、3 は下位にあることを示す。

　ソブリンの外貨建て、当該国の政府が発行する国債など公社債の信用力でみる。同社のホームページの一覧表を見ると（2008 年 4 月 5 日現在）、本書の対象国のうち、東欧諸国は比較的信用力は高く、チェコ A1、ハンガリーとポーランドが A2 である。A は中級の上位で、信用リスクが低いとされる。アジアにおける A レベルは、香港 Aa2、中国 A1 である（シンガポールと台湾はない）。

　最も低いのはアルゼンチンで、B3/Ca である。また、B1 がフィリピンとパキスタン、そして Ba3 がインドネシア、ベトナム、トルコとなっている。Ca は非常に投機的であるが、元利の回収が見込まれる債券である。

　南アフリカについては、巻末の特集を参照。

表 2-5　国際格付け会社の格付け

		ムーディーズ	スタンダード&プアーズ	格付投資情報センター
	発行体（政府）	ソブリン 長期債（無担保） 外貨建て	ソブリン 長期債 外貨建て	外貨建て 発行体格付け
1	中国（本土）	A1	A+	A+
2	中国（香港）	Aa2	AA+	AA+
3	韓国	A2	A+	A+
4	シンガポール		AAA	AAA
5	インドネシア	Ba3	BB+	BB+
6	マレーシア	A3	A+	A
7	フィリピン	B1	BB+	BBB−
8	タイ	Baa1	A	BBB+
9	ベトナム	Ba3	BB+	BB
10	インド		BBB−	BBB+
11	パキスタン	B1	CCC+	
12	チェコ	A1	A+	A
13	ハンガリー	A2	BBB	BBB+
14	ポーランド	A2	A	A−
15	ルーマニア	Baa3	BBB−	
16	ロシア	Baa2	BBB+	
17	トルコ	Ba3	BB	
18	アルゼンチン	B3/Ca	B−	
19	ブラジル	Ba1	BBB+	BBB−
20	チリ	A2	AA	
21	コロンビア	Ba2	BBB+	
22	メキシコ	Baa1	A+	BBB
23	ペルー	Ba2	BBB+	
24	ベネズエラ		BB+	
25	エジプト	Ba1	BBB−	
26	南アフリカ	Baa1	A+	A−
	台湾		AA−	AA
	日本		AA	AAA
	アメリカ		AAA	AAA
	ユーロ圏			
	ドイツ		AAA	AAA
	フランス		AAA	AAA
	イギリス		AAA	AAA
	IMF 融資国（20年11月20日現在）			
	アイスランド		BBB+	(BBB−)
	ウクライナ		B+	(BB−)

出所：ムーディーズ社は20年4月5日、S&P社は12月17日現在。
　　　日本の格付投資情報センターは、20年10月31日現在。それぞれ日本のHPより。

5. ガバナンス・ランキング

ガバナンスとは、グッド・ガバナンスともいわれて、「良き統治」と訳されている。政府の民間への規制撤廃に伴い、政府を含む公的部門の組織上の能力がとみに問われるようになった。今日世界中の投融資家が注視するのは各国政府のガバナンス（統治能力）である。

行財政の制度改革や業務の改善に加えて、腐敗や国会議員の能力なども含まれている。規範が西欧的であり、マハティール首相などが批判した。

表2-6にランキングを示した。シンガポール、香港、チリの水準が高い。そして、ベネズエラが最下位で、他のラテン・アメリカ諸国が並ぶ。

他の統計としては、世銀の「*DOING BUSINESS*」（上記）は政府の規制を扱っているので、詳細なガバナンスの状況が把握できる。

表2-6 ガバナンス・ランキング

		総合ランキング	
		2005	2008
1	中国（本土）	20	12
2	中国（香港）	1	2
3	韓国	28	37
4	シンガポール	2	1
5	インドネシア	45	38
6	マレーシア	23	19
7	フィリピン	40	41
8	タイ	14	22
9	ベトナム		
10	インド	32	23
11	パキスタン		
12	チェコ	37	33
13	ハンガリー	31	47
14	ポーランド	47	49
15	ルーマニア	46	48
16	ロシア	39	30
17	トルコ	43	44
18	アルゼンチン	50	54
19	ブラジル	48	51
20	チリ	11	9
21	コロンビア	36	35
22	メキシコ	41	40
23	ペルー	－	32
24	ベネズエラ	51	55
25	エジプト		
26	南アフリカ	29	28

出所：Institate for Management Development, *World Competitiveness Yearbook.*

注

1) 世界開発報告 2007 年版の分類は以下。2005 年の一人当たり国民総所得（GNI）が 875 ドル以下が低所得国。876-10725 ドルが中所得国で、3,465 ドルで上位と下位に分ける。
2) GDF のネット上で入手してみると、以下にみるように年毎によって入手できる情報に違いがある。

    2004 年版に分類基準表と国分類表、そして各国別のデータがある。

    2005 年版には分類基準表はないが、国分類表とデータはある。

    2006 年版にはデータのみある。

    2007 年版が 2007 年 5 月に発行。インターネット上でデータすらない。ハードコピーにデータはある。

    2008 年版が 2008 年 5 月に発行。ハードコピーにデータはある。
3) 低所得国については、1999 年に二国間債務帳消し、2005 年に IMF、世界銀行などの国際機関の債務も帳消しとなった。構造調整のために注入された IMF・世銀の債務も返済できなくなっており、アフリカなど低所得国においては失敗と言わざるをえない。
4) http://www.weforum.org/en/initiatives/gcp/Global%20Competitiveness%20Report/index.htm
5) 日本はここ数年 20 番目に位置している。生産面、技術面ではトップ・クラスであるが、財政、企業経営者層の国際化の評価は低い。英語で講義をしていないせいか、大学教育は最下位である。

第3章

基礎構造の理解

　本章では、新興市場国の基礎構造の把握を行う。第3章1. で外部要因について新興国全体を鳥瞰する。第3章2. では、個々の新興市場国の生産構造のサーベイを行う。その際、投融資の重要な要因であるマクロ経済の安定に関わる指標についても取り扱うことにする。第3章3. に経済成長率を示した。

　国際経済取引に関わる指標は次章で主に扱う。ただし、輸出構造については、下記の生産構造と密接に関わるのでここで扱う。新興市場国も外国から資本財や原料を輸入することによって経済発展を図るわけで、そのためにはどれだけ外貨を稼げるかという輸出構造は重要な情報となる。

1. 外部要因のサーベイ

(1) 非経済要因のサーベイ

　経済の予件として、自然条件、社会条件、政治条件がある。以下にそれぞれみていく。

1) 自然条件

　重要なポイントは、資源産出国であるかどうかである。過去に、IMF文書に外貨獲得の源泉が示されており、世界の国を輸出構造によって6分類してい

た（表 3-6 参照）。最新のデータについては、原油や天然ガスなどの燃料輸出国が表 3-1 でわかる。

本書対象の主要新興市場国では、ロシアと南アフリカ共和国だけが主要生産国である。2008 年前半の原油高と、それに惹起された鉱物など商品の価格上昇が、これらの国々を好況に至らしめている。特に、ロシアは、ソ連邦崩壊後 IMF 指導によって経済自由化を進めたが、うまくいかなかった。IMF の支配から外れたのは、原油価格の高騰のおかげである。経済の自由化やガバナンスの面での課題は積み残したままである。

2）社会条件

民族と宗教の構成と、それを巡る対立関係が重要である。これらのポイントについて、新興市場経済を横断的にみれる資料はない。個別に CIA FACTBOOK などを閲覧するしかない。

次に、人口との関係で、都市化の程度が重要である（表 3-2）。一般に、都市化が進んでいると、政府の政策に対する反対行動が顕在化し、社会や政治を不安定にする可能性が高い。昨今貧困問題が大きく取り上げられるようになっており、都市のスラムが大きい国に留意しなければならない。

地域的には、ラテン・アメリカが重要である。一般に都市化率が高く、国内における貧富の差が大きな問題として常に取り上げられてきた。都市に広大なスラムが存在する。下記の 3）でみるように、選挙によって政策に一貫性が失われたり、大衆迎合的な候補者が勝つという事態が起こった。

一方、絶対貧困層のデータも重要である。国連ミレニアム開発目標で 2015 年までの半減が目指されている。主要国ではあまり大きくはないが、一部の国、例えばフィリピンなどではかなりの規模の貧困層が存在する。タイでは、全人口の 2%未満である。

3）政治条件

経済にとって重要なポイントは、政治の安定度と政治民主化である。次に、軍事支出の大きさである。以下に解説していく。

① 政治の安定度

一般に、選挙が近くなると、政権を維持するために、景気刺激策を採用

表 3-1　エネルギーの埋蔵量

		原油 (100万トン)	天然ガス (10億トン)	ウラン (トン)
1	中国（本土）	3,300	1,710	35,060
2	中国（香港）	–	–	–
3	韓国	–	–	–
4	シンガポール	–	–	–
5	インドネシア	705	2,050	4,620
6	マレーシア	–	–	–
7	フィリピン	–	–	–
8	タイ	–	–	–
9	ベトナム	–	–	–
10	インド	740	688	40,980
11	パキスタン	–	–	–
12	チェコ	12	5	830
13	ハンガリー	–	–	–
14	ポーランド	16	117	–
15	ルーマニア	–	–	–
16	ロシア	8,219	44,745	143,020
17	トルコ	39	12	6,845
18	アルゼンチン	–	–	–
19	ブラジル	1,348	225	86,190
20	チリ	–	–	–
21	コロンビア	253	405	–
22	メキシコ	2,337	249	1,275
23	ペルー	–	–	–
24	ベネズエラ	11,139	4,180	–
25	エジプト	492	735	–
26	南アフリカ	–	–	315,330
	日本	9	32	6,600
	アメリカ	–	–	345,000
	ユーロ圏	–	–	–
	アラブ首長国連邦	13,023	–	–
	イラク	15,520	–	–
	イラン	–	23,170	–
	カザフスタン	–	–	530,460
	クウェート	13,292	–	–
	サウジアラビア	36,098	5,345	–
	カナダ	–	–	333,834
	ウクライナ	–	–	64,660
	デンマーク	–	–	20,250
	ニジェール	–	–	102,227

出所：総務省『世界の統計』2008年版（ホームページ）。

第3章 基礎構造の理解　35

表3-2　社会条件

		都市人口			所得分配								都市失業率 %, 2005年	平均実質賃金 2005年 (2000=100)
		全人口に占める比率 (%), 2006	対前年比増加率 (%), 1990-2006	調査年	全所得に占める比率							最上位10% / 最下位10%		
					最下位10%	最下位20%	次の20%	次の20%	次の20%	最上位20%	最上位10%			
1	中国(本土)	41	3.5	2004	1.6	4.3	8.5	13.7	21.7	51.9	34.9	21.8		
2	中国(香港)	100	1.2	1996	2.0	5.3	9.4	13.9	20.7	50.7	34.9	17.5		
3	韓国	81	1.3	1998	2.9	7.9	13.6	18.0	23.1	37.5	22.5	7.8		
4	シンガポール	100	2.4	1998	1.9	5.0	9.4	14.6	22.0	49.0	32.8	17.3		
5	インドネシア	49	4.4	2005	3.6	7.1	10.7	14.4	20.5	47.3	28.5	7.9		
6	マレーシア	68	4.3	1997	1.7	4.4	8.1	12.9	20.3	54.3	38.4	22.6		
7	フィリピン	63	3.8	2003	2.2	5.4	9.1	13.6	21.3	50.6	34.2	15.5		
8	タイ	33	1.6	2002	2.7	6.3	9.9	14.0	20.8	49.0	33.4	12.4		
9	ベトナム	27	3.3	2004	4.2	7.1	11.1	15.1	21.8	44.8	28.8	6.9		
10	インド	29	2.5	2004~05	3.6	8.1	11.3	14.9	20.4	45.3	31.1	8.6		
11	パキスタン	35	3.3	2005	4.0	9.1	12.9	16.1	21.1	40.8	26.3	6.6		
12	チェコ	74	-0.2	1996	4.3	10.3	14.5	17.7	21.7	35.9	22.4	5.2		
13	ハンガリー	67	-0.1	2004	4.0	8.6	13.1	17.1	22.3	38.9	22.2	5.6		
14	ポーランド	62	0.1	2005	3.1	7.4	11.7	16.1	22.3	42.5	27.0	8.7		
15	ルーマニア	54	-0.5	2005	3.3	8.2	12.8	16.9	22.1	40.0	24.4	7.4		
16	ロシア	73	-0.3	2002	2.4	6.1	10.5	14.9	21.8	46.6	30.6	12.8		
17	トルコ	68	2.5	2003	2.0	5.3	9.7	14.2	21.0	49.7	34.1	17.1		
18	アルゼンチン	90	1.4	2004	0.9	3.1	7.6	12.8	21.1	55.4	38.2	42.4	11.6	97.7
19	ブラジル	85	2.2	2005	0.9	2.9	6.5	11.1	18.7	60.8	44.8	49.8	9.8	85.2
20	チリ	88	1.7	2003	1.4	3.8	7.3	11.1	17.8	60.0	45.0	32.1	9.2	108.5
21	コロンビア	73	2.0	2004	0.7	2.9	6.9	11.0	18.3	60.9	46.9	63.4	14.0	106.1
22	メキシコ	76	1.7	2004	1.6	4.3	8.3	12.6	19.7	55.1	39.4	24.6	11.3	110.3
23	ペルー	73	1.8	2003	1.3	3.7	7.7	12.2	19.7	56.7	40.9	31.5	7.6	104.4
24	ベネズエラ	94	2.6	2003	0.7	3.3	8.7	13.9	22.0	52.1	35.2	50.3	12.4	80.7
25	エジプト	43	1.8	2004~05	3.7	8.9	12.7	16.0	20.8	41.5	29.5	8.0		
26	南アフリカ	60	2.7	2000	1.4	3.5	6.3	10.0	18.0	62.2	44.7	31.9		
	日本	66	0.5	1993	4.8	10.6	14.2	17.6	22.0	35.7	21.7	4.5		
	アメリカ	81	1.6	2000	1.9	5.4	10.7	15.7	22.4	45.8	29.9	15.7		

出所：World Bank, World Development Indicators 2008. アジア経済研究所『ラテンアメリカレポート』Vol.24, No.1, 2007.

する。結果が財政赤字、インフレ、国際収支赤字などである。政権側が財政赤字を拡大してでも、政権維持を図るのである。一般に、財政赤字はインフレを惹起して、当座はブームが到来するかもしれないが、インフレの上昇はさらなる価格や賃金の上昇を招いて制御不可能となる。また、実質所得の目減りにより、いずれ消費などが減少することにより、不況ないし急激な景気後退に至る可能性が大きい。

大統領と議員の任期は、表3-3にまとめた。主な国の政治状況は以下のとおりである。

ポーランド 2005年10月に大統領選挙が行われたが、1回目の投票で過半数の候補者がおらず、決選投票となった。その前月に行われた上下院の選挙では、第1党が両院ともに単純過半数を占めることができず、第2党に肉薄されている。

ルーマニア 2004年11月に初めて民主的な大統領選挙が行われ、2回目の選挙で2位候補が当選した。議員選挙では、第1党は大統領が所属していない政党となった。過半数を占めておらず、第2党に肉薄されている。

ロシア 2004年5月の大統領選挙でプーチン氏が71%の得票率。2000年当選の再選である。2003年12月に行われた議員選挙では、与党が225議席のうち120議席を占めた。2008年3月の大統領選挙では、プーチン大統領に指名された後継者が、70%で圧勝。

トルコ 2002年11月の総選挙で、イスラム政党が550議席中330議席を占めた。第2党は178議席である。2007年の選挙でも圧勝。

② 政治民主化

これまでの歴史 本書の中心課題ではないが、1980年からのIMF・世銀主導の経済民主化という意味での自由化の強制は、政治まで及ぶことになる。政治民主化、つまり多党制導入は1989年のベルリンの壁の崩壊後、世界中の途上国で雪崩のように急激に進められた。また、2001年末のソ連邦崩壊で弾みがついた。政治民主化がこのように急激に進んだのは、アメリカの圧力によるものであろう[1]。

表 3-3　政治条件

		政治の安定度			フリーダムハウスの評価		
		元首の就任	任期(年)	就任期間	民主制 1-7, 1が最良	ガバナンス 1-7, 1が最良	腐敗 1-7, 1が最良
1	中国（本土）	2003年3月	5				
2	中国（香港）						
3	韓国	2003年2月	5	再選禁止			
4	シンガポール	2005年8月	6	再選			
5	インドネシア	2004年10月	5	3選禁止			
6	マレーシア	2006年12月	5	アブドラ首相			
7	フィリピン	2004年6月	6	2004年6月2期目			
8	タイ	2003年		2008年11月にタクシン派政権崩壊			
9	ベトナム	2007年7月	5				
10	インド	2007年7月	5	間接選挙制			
11	パキスタン	2001年6月	5				
12	チェコ	2003年3月	5	連続2期まで	2.25（強固な民主制）	2.00	3.50
13	ハンガリー	2005年8月	5	間接選挙制	2.00（強固な民主制）	2.25	3.00
14	ポーランド	2005年12月	5		2.14（強固な民主制）	2.00	3.25
15	ルーマニア	2004年12月	5		3.39（強い民主制）	3.00	4.25
16	ロシア	2008年5月	4		5.75（準独裁制）	5.25	6.00
17	トルコ	2007年10月	5	イスラム主義政党が実権			
18	アルゼンチン	2007年12月	4				
19	ブラジル	2007年1月	4	連続再任1回可			
20	チリ	2006年3月	4	連続再選禁止			
21	コロンビア	2006年8月	4	2期目			
22	メキシコ	2006年12月	6	再選禁止			
23	ペルー	2006年7月	5	連続再選禁止			
24	ベネズエラ	2007年1月	6	3期目			
25	エジプト	2005年9月	6	5選			
26	南アフリカ	2005年1月	5	2期目ムベキ大統領2008年9月退任			

出所：共同通信社『世界年鑑 2008』Freedom House, Democracy Score Rankings 2006.

イラクの独裁政権打倒も、軍事的な脅威だけでなく、政治民主化実現というアメリカの戦略に沿ったものである。東欧などの民主化を、ラテン・アメリカ、アフリカで実現した後で、最後のブラックボックスが中東であったのである。イラクはその手始めという位置づけであったろう。

いずれにせよ、経済自由化と並んで政治民主化が逆戻りできない勢いで進められ、その潮流は定着したといえる。

しかし、政治民主化は経済に悪影響を及ぼすことがある。Kuczynski と共著の小論の中で、ウィリアムソンは 3 点の政策提言を行っている。そのうちのひとつが財政政策を景気と逆循環にすることである [2] ラテン・アメリカの多くの国で選挙のたびに大衆迎合的な景気刺激政策が採られて最後には経済を悪化させた反省に立つものである。

元々、経済関係は強固でありながら、反アメリカの意識が強いラテン・アメリカ地域では、不人気な政策の遂行、またその効果の不十分さを起因として、経済自由化を中心とする構造改革が頓挫し、政権の交代が行われた。

さらに、反アメリカのスローガンを掲げることにより、政権が左に振れることがよく起こった。左派政権は以下の国々で樹立された。ブラジル、チリ、コロンビア、ペルー、ベネズエラ。

しかし、国内の所得格差や貧困が問題の根底にあり、反アメリカ、反グローバル化を訴えて容易に大衆の人気を得たのは民主政治のゆえんである。

反アメリカの代表格はベネズエラのチャベス大統領である。同国は有力な産油国であるが、多国籍企業から政府がその権益を取り上げることを実行した。チャベス大統領は、ボリビアなどの左派政権と共闘して、反経済自由化の方針を打ち出している [3]。2006 年の 9 月の IMF『世界経済見通し』の記者会見で、ラテン・アメリカにおけるポピュリズム（大衆迎合主義）の台頭について意見交換が行われた [4]。

しかしながら、重要なことは、経済自由化はすでにラテン・アメリカ地域において定着しており、それをベースにしてのゆれ戻しであるということである。自由化を大幅に逆戻りするということではない。ベネズエラは一部

油田を多国籍企業から取り上げる措置（国の株式の過半を掌握）を取って国際的に訴えられているが、ガス会社国有化を打ち出したボリビアと同様に、無茶なことはしていない。

ただし、結果として、表2-4のIMDの世界競争力年鑑のランキングにみるように、ベネズエラの順位は非常に低い。

現況のサーベイ　フリーダムハウスはアメリカの独立の民間団体であり、アメリカ人リーダーによって設立された。世界中の抑圧政権に圧力をかけてきており、アメリカの同盟国であるサウジアラビアをも宗教的抑圧国家として非難している。

そのホームページでは、世界の国を3グループに分類している。2007年時点で、「自由でない（NOT FREE）」国は、ロシア、中国、タイ、ベトナムである。また、「一部自由な（PARTLY）国」は、マレーシア、フィリピン、トルコ、コロンビア、ベネズエラ。

他の国は「自由な」国であり、先進工業国と同じレベルである。特に東欧はアルバニアを除いて、すべて自由となっている（表3-3参照）。

③　軍事支出

軍事支出の増大は、開発に向けられるべき資源の減少を意味する。さらに、経済協力上、軍事支出の過大な国に対して、支援を控えるという国際的な動きがある。日本政府も、援助実施上の4原則の中に明記している。

資料としては、英国際戦略研究所が『ミリタリーバランス』を毎年発行している。パキスタンでは政府予算の4割が軍事支出に充てられている。昨今の対テロのみならず、インドへの対抗から大きな予算措置となっている。当然、国内の経済社会開発に向けられるべき資源が削減されることになる。

（2）　国際経済環境のサーベイ

ここでは、新興市場国それぞれを取り巻く国際経済環境をサーベイする。BRICsなど巨大な国を除けば、国際環境の影響はかなり大きい。

1）金を含む商品市場

商品市場は、投資家にとっては、債券市場や株式市場と同様に重要な市場である。また、これら国際的な市場においては、外国為替、すなわち通貨との関係も重要である。

一般に、経済状況が悪くて、ドルなど通貨の価値が弱くなると、実物である商品が選好される傾向にある。また、2001年の同時多発テロ以前は、「有事に強いドル」であったが、それ以降はアメリカが直接のターゲットとなったことにより、テロや中東での問題が起きると、ドルが売られて金が買われることになる。

また、昨今、国際的な機関投資家や投資家が巨万の富を得ている状況下では、債券市場や株式市場が下落することに連動して、商品市場に資金が流入しがちである。

重要な商品は金と原油である。1971年のニクソン・ショックによって、ドルと金との固定相場は停止されることとなったが、通貨の価値が弱くなると、金価格が上昇する。

石油については、価格支配力のかなりを石油輸出国機構（OPEC）が握り、1973年と1978年に2度の石油価格の大幅な引き上げを行った。しかし、その後非加盟国における増産で価格が1バーレル20ドル程度まで下落した。

ところが、中東などで政治的、軍事的な問題が起こると、石油価格は上昇する。最近のトレンドをIMFの統計によってみると、イラク戦争が開始した2003年から原油価格は急激に上昇した（表3-4）。2008年2月には1バーレル[5]、100ドルを突破した。その半年後には140ドルの水準まで達している。2007年の平均値は70ドルであった。

1970年代の2回の石油ショックのときと同様に、原油価格の上昇は金を含むその他の商品の価格の騰貴をもたらしている。また、金価格の変化は株価の変化と反比例のようであり、2008年春には1トロイオンス（約30g）が1,000ドルを突破した。

表 3-4　国際経済環境

	1965	1970	1975	1980	1985	1990	1995	1996	1997	1998
原油価格（スポット、US ドル／バーレル）										
平均価格	1.79	1.79	11.45	35.71	27.37	22.99	17.20	20.37	19.27	13.07
ドバイ	1.80	1.80	10.43	35.85	26.51	20.73	16.13	18.54	18.10	12.09
イギリス	2.23	2.23	11.50	37.89	27.61	23.71	17.06	20.45	19.12	12.72
アメリカ	2.92	3.35	11.16	37.88	27.99	24.52	18.43	22.13	20.59	14.42
金（US ドル／トロイオンス）										
イギリス	35.0	35.9	161.0	607.9	317.2	383.5	384.2	387.8	331.0	294.1
（US ドル／g）	1.13	1.16	5.18	19.55	10.20	12.33	12.35	12.47	10.64	9.46
（円／g）	405.14	416.05	1536.70	4431.88	2432.75	1785.49	1161.87	1356.48	1287.70	1238.08
金利（ロンドン LIBOR、%）										
翌日物	4.19	8.05	8.16	16.56	8.04	8.13	5.90	5.35	5.54	n. a.
3 か月物	4.81	8.51	6.95	14.19	8.40	8.31	6.04	5.51	5.76	5.59
通貨										
US ドル、REER	n. a.	n. a.	114.90	104.40	142.70	89.40	81.00	82.00	87.20	90.60
円／US ドル	360.00	360.00	296.79	226.74	238.54	144.79	94.06	108.78	120.99	130.91

	1998	1999	2000	2001	2002	2003	2004	2005	2006	2007
原油価格（スポット、US ドル／バーレル）										
平均価格	13.07	17.98	28.23	24.33	24.95	28.89	37.76	53.35	64.27	71.13
ドバイ	12.09	17.08	26.09	22.71	23.73	26.73	33.46	49.20	61.43	68.37
イギリス	12.72	17.70	28.31	24.41	25.00	28.85	38.30	54.44	65.39	72.71
アメリカ	14.42	19.17	30.32	25.87	26.12	31.10	41.45	56.44	66.05	72.29
金（US ドル／トロイオンス）										
イギリス	294.1	278.9	279.2	271.1	310.0	363.5	409.2	444.8	604.3	696.7
（US ドル／g）	9.46	8.97	8.98	8.72	9.97	11.69	13.16	14.30	19.43	22.40
（円／g）	1238.08	1021.40	967.36	1059.18	1249.99	1355.14	1423.67	1576.52	2259.94	2637.93
金利（ロンドン LIBOR、%）										
翌日物	n. a.	n. a.	n. a.	3.98	1.75	1.19	1.40	3.25	5.02	5.15
3 か月物	5.59	5.41	6.53	3.78	1.79	1.22	1.62	3.56	5.19	5.30
通貨										
US ドル、REER	90.60	89.70	100.00	104.00	102.90	91.70	85.10	83.50	81.60	78.50
円／US ドル	130.91	113.91	107.77	121.53	125.39	115.93	108.19	110.22	116.30	117.75

出所：IMF, IFS online（2008.05.01）、を利用して筆者作成。

2) 国際金利

新興市場経済は国際市場で資金の調達を行うので、国際金利が重要である。イギリスやアメリカの金利を中心とした国際金利を参照する。過去のトレンドを表3-4に示した。

1978年の第2次石油危機後に世界経済が不況に陥り、途上国の輸出が停滞することとなった。短期借り入れで急場をしのごうとした途上国の債務を悪化させたのが、国際市場の高金利であった。アメリカの公定歩合でみると、1977年の6%から1979-1982年の12%という高水準に至った（IMF国際金融統計）。その結果、多くの国々が対外債務返済不能と深刻な経済不況に直面することとなった。ラテン・アメリカ地域にとって、1980年代は「失われた10年」と言われた。

近年では趨勢的に10%を大きく下回る低金利となる。これは、マクロ経済政策の運営向上により、多くの先進工業国でインフレ率を一桁にすることに成功したからである。インフレ率の低下は、実質金利の低下をもたらし、名目金利も下がる。これが、国際金融市場に影響して、新興市場国も低コストで資金調達ができるようになった。

2. 生産・所得構造

(1) 所得（分配を含む）
1) 主要指標

拙著『国際協力マニュアル』で解説しているが、新興市場経済全体をみる場合、まず所得水準でみる必要がある。国民所得の三面等価で、「生産所得＝支出所得＝分配所得」である[6]。所得について、以下の4種類の基準でみることができて、それぞれの指標も並列した。

　　水準　　一人当たり国民総所得（GNI）、USドル建て
　　規模　　GNIないし国内総生産（GDP）、USドル建て

成長　　対前年比成長率（％）期間平均が望ましい
分配　　GINI 係数や所得階層ごとの平均所得

　一人当たり GNI は、当該国の全般的なレベルを示す。高い国ほど借り入れ資金の返済能力が高いと考えられる。
　所得の規模はいわゆる経済規模であり、当該国に対する外国投資の活動を入れた GDP が望ましい[7]。大国モデルとして、昨今の BRICs が挙げられる。
　生産構造、すなわち GDP の部門別内訳（農業、製造業）については、世界の途上国や新興市場経済を一覧で見れる統計がないので、ここでは除いてある。
　消費や投資など支出の構造については、マクロ経済安定に関わるので、（3）で説明する。
　分配に関連して、低所得国を対象に 2000 年の国連ミレニアム・サミットによる国連ミレニアム開発目標（UNMDGs）が採択された[8]。特に重要な指標が絶対貧困層を 2015 年までに半減する目標である。
　具体的な指標としては、1 日 1US ドル未満の絶対貧困層の半減である。また、近年主に中国の経済発展により絶対貧困層が 10 億人を下回った可能性があり、2 ドル未満も対象とされるようになった。他に、各国の物価水準を考慮した貧困ラインが設定されており、それ以下の家計の比重の低下が期待されているのである。
　ここでは、絶対貧困層をまず取り上げたが、国内における所得格差も重要である。すでに述べたように、ラテン・アメリカ地域などでは国内の貧困問題が政治や経済に大きな影響を及ぼすようになっている。

2）　新興市場国の現状

　それでは以下に、表 3-5 など指標の数値で見ていく。まず一人当たり GNI については、対象の新興国の数値を表 2-1 に示してある。一般に東欧の水準は高く、次がラテン・アメリカである。発展段階がより低く、人口が多いアジア諸国の水準は低い。
　所得の規模、具体的には経済規模については、名目ベースの数字でみると、

表 3-5 主要経済指標

	生産 経済規模 GDP (100万ドル) 2007	(所得) 成長率 対前年比 増加率 (期間平均) % 2000-07	国際収支 経常収支 対GDP (%) 2007	財政収支 対GDP (%) 2006	価格 GDPデフレータ 対前年率比 伸率 (期間平均) % 2000-07	消費 対GDP (%) 2005	対GDP (%) 2006	貯蓄率 対GDP (%) 期間平均 2005-2006	対GDP (%) 2005	投資 対GDP (%) 2006	投資率 対GDP (%) 期間平均 2005-2006	公共支出 運輸部門 100万ドル 2000-2006	国内信用 銀行による信用対GDP比 (%) 2006	インターネット 100人当たりの利用者数 2006	製造業生産 機械・輸送機器の全製造業に占める比率(%) 2004
中国	3,280,053	10.2	7.6	-1.6	3.7	51.91	—	42.61	21.62	21.10	20,347.4	113.6	10.4		
香港	206,706	5.2	13.3	—	-2.3	66.97	66.71	20.57	29.78	29.92	—	139.5	55.0		
韓国	969,795	4.7	0.6	0.7	1.7	66.81	68.34	32.43	30.06	18.92	—	102.0	70.5	46.0
シンガポール	161,347	5.8	22.5	7.0	1.0	52.69	51.49	47.91	19.03	18.92	—	98.6	38.3	50.0
インドネシア	432,817	5.1	2.5	-1.1	10.1	72.19	71.32	28.25	24.61	24.58	2,400.7	24.6	7.3	18.0
マレーシア	180,714	5.1	16.0	-4.3	4.8	56.53	56.59	43.44	19.94	19.99	4,992.4	108.1	43.2	39.0
フィリピン	144,129	5.1	4.1	-1.3	5.1	78.98	79.79	20.62	14.33	14.47	1,260.5	30.0	5.5	13.0
タイ	245,818	5.4	6.1	1.9	2.9	68.74	67.70	31.78	31.61	29.75	939.0	88.0	13.3	29.0
ベトナム	71,216	7.8	-9.8	—	6.7	—	—	—	—	—	20.0	71.3	17.5	95
インド	1,170,968	7.8	-0.7	-2.8	4.4	69.22	67.75	31.52	32.41	31.69	11,365.7	45.0	5.5	20.0
パキスタン	143,597	5.8	-5.7	-4.2	6.5	85.71	88.92	12.69	20.02	19.05	322.0	29.0	7.5	
チェコ	168,142	4.5	-2.7	-4.3	2.1	71.94	70.81	28.63	27.41	26.78	106.7	40.9	34.5	
ハンガリー	138,182	4.0	-5.4	-8.6	5.1	77.78	76.11	23.06	23.04	23.37	3,297.5	55.4	34.8	34.0
ポーランド	420,321	4.1	-3.8	-3.6	2.4	81.07	80.18	19.38	19.27	19.67	1,672.0	33.6	28.8	
ルーマニア	165,980	6.1	-13.9	-1.0	18.0	87.64	87.89	12.24	22.71	23.47	—	26.3	32.4	21.0
ロシア	1,291,011	6.6	6.1	8.1	16.7	—	—	—	—	—	253.4	30.8	18.0	9.0
トルコ	657,091	5.9	-5.0	2.5	18.8	80.36	79.40	20.12	24.77	24.33	4,160.6	34.1	16.8	16.0
アルゼンチン	262,331	4.7	2.7	-0.5	12.3	73.25	71.42	27.67	21.18	22.40	522.2	13.0	20.9	8.0	95
ブラジル	1,314,170	3.3	0.1	—	8.5	80.41	80.30	19.65	16.00	16.39	4,060.7	36.5	22.5	22.0
チリ	163,915	4.5	4.4	7.7	7.0	69.11	65.05	32.92	22.36	21.37	4,936.2	82.4	25.3	
コロンビア	171,979	4.5	-3.4	-3.9	6.3	80.03	83.78	18.10	20.66	10.33	1,919.8	35.7	14.7	
メキシコ	893,364	2.6	-0.2	—	6.3	79.73	79.34	20.47	21.81	21.89	5,388.4	22.1	17.5	22.0	95
ペルー	109,088	5.4	2.4	-0.8	3.8	75.98	70.80	26.61	18.59	19.78	1,537.5	17.8	22.1	7.0	95
ベネズエラ	228,071	4.7	8.8	2.2	26.8	—	—	—	—	—	34.0	17.1	15.3	
エジプト	128,095	4.5	2.1	-5.8	6.9	84.29	83.71	16.00	18.73	18.36	821.5	55.3	8.1	10.0
南アフリカ	277,581	4.3	-7.4	1.2	6.6	82.17	81.98	17.93	20.46	19.33	3,987.7	160.8	10.9	16.0
日本	4,376,705	1.7	4.8	—	-1.2	75.24	74.65	25.06	23.37	23.74	—	182.0	68.5	39.0
アメリカ	13,811,200	2.7	-5.3	-2.0	2.6	86.05	85.80	14.08	19.71	19.84	—	201.1	69.5	
ユーロ圏				-1.3						21.27			47.9	42.0	
ドイツ	3,297,233	1.1	4.6		1.0				20.93	21.60					

出所：International Monetary Fund, *International Financial Statistics Yearbook 2007*. World Bank, *World Development Indicators 2008*.

中国は日本とドイツに次ぐ経済規模をもっている。

どの位の金額以上の国が大国モデルであるとはいえないが、代替変数として人口を使う。以前は、国内における大量生産の目安として人口3〜4千万人を使っていたが、世界経済のグローバル化によって大国として位置づけられるのは、人口2億人以上のBRICs、インドネシア、メキシコであろう。インドネシアを除いて、2008年の洞爺湖サミットに招聘された。

成長率については、成熟化した先進工業国の成長率がせいぜい2〜3%であることに影響されて、途上国の成長率も低くなった。5%以上であれば高成長国とみることができる。BRICsの中国とインドの成長率が高いが、他の新興国の多くも5%前後の成長率を実現している。

所得分配については、表3-2に基本指標を示した。ラテン・アメリカにおける所得格差が大きいのがわかる。社会主義経済をとった東欧諸国は大きくない。アジアについては、比較的に所得分配の不平等化は小さい。しかし、表にみるように、ベトナム、インドネシア、南アジアにおける所得格差は大きい。それに対して、マレーシアやタイでは、貧困問題はあまり大きくないと言える[9]。

表3-2を使って、各所得グループごとの所得水準を計算すると、かなり高い所得水準の人口がわかる。電化製品などを需要する所得の高い人口の大きさがわかる。

(2) 生産構造
1) 生産構造

生産構造、すなわちGDPの部門別内訳（農業、製造業）については、本書で基本的に使っているIFSには一覧表がない。そこで、世界銀行の世界開発報告やWDIに農業、工業、サービス業の分類がある。

特に、重要な指標が製造業のGDPに占める比率である。この狭義の工業化率に対応して、工業化の進展の程度がみれる。ほとんどの先進工業国がたどった発展段階の観点から、新興国をみるのである。

しかし、国比較のよい表はない。そこで、表3-5に製造業に占める機械・

輸送機器の比率を示した。この産業は工業化の高度化をみるものである。この表によれば、韓国、マレーシア、ハンガリーの工業化の水準が比較的高いことがわかる。

次に、表3-6で、製造業品輸出のGDPに占める比率を示した。ミニ国家の香港とシンガポールが筆頭であるが、マレーシア、タイ、ベトナム、チェコ、ハンガリーの水準が高い。

2）輸出構造・対外ポジション

少し古いが、IMFの「世界経済見通し」2001年版に、外貨獲得の源泉という表がある（表3-6参照）。そこでは、製品グループや外貨獲得項目が50％を超えるかどうかで以下の5分類がある。すなわち、燃料輸出国、工業製品輸出国、一次産品輸出国、サービス輸出／所得・民間贈与受取国、多品目輸出国。多品目輸出国では、その前の5つの分類のいずれも50％に満たない国である。

このなかで、工業化中心の経済発展という面からみれば、競争力が強いのは、工業製品輸出国と多品目輸出国であろう。

最新のIMFデータを使ってみると、燃料輸出国と一次産品輸出国しかわからない。

そこで、輸出による外貨獲得が重要なベースとなる対外ポジションを表3-6でみる（下記の（4）参照）。

(3) インフレ・財政を含むマクロ経済

投融資にあたって、マクロ経済の安定は重要である。その安定なくして、投資や融資の案件の成否はおぼつかない。以下に指標ごとに説明する。

1）マクロ経済指標

まずマクロ経済政策の目標について説明する。一般の経済政策論に依拠して分析すると、多くの経済学者が同意する共通の政策目標として、短期はインフレの抑制、失業削減、国際収支改善であり、長期は資源配分の効率化、持続的成長、所得分配の公正化が挙げられる。短期の失業削減は、安定的な経済成長の実現と表裏一体である。

新興市場国の場合、国際収支については、赤字削減ないし均衡が具体的な目

表3-6 海外依存度

	製造業品輸出のGDPに占める比率 (%)	直接投資のGDPに占める比率 (%)	IMFの国分類 輸出構造 1999	IMFの国分類 輸出構造 2007	対外資産・負債残高 2007	対内直接投資残高 10億ドル 2006
	2006	2006				
1 中国（本土）	66.6	3.0	製造業品輸出国	―	―	292.6
2 中国（香港）	346.9	22.6	―	―	[債権国]	769
3 韓国	71.5	0.4	―	―	―	71.0
4 シンガポール	386.2	18.3	―	―	―	210.1
5 インドネシア	50.4	1.5	多品目輸出国	―	債務国	19.1
6 マレーシア	193.7	4.0	製造業品輸出国	―	[債権国]	53.6
7 フィリピン	83.8	2.0	製造業品輸出国	―	債務国	17.1
8 タイ	125.7	4.4	製造業品輸出国	―	債務国	68.1
9 ベトナム	137.7	3.8	一次産品輸出国	―	債務国	33.5
10 インド	32.4	1.9	製造業品輸出国	―	債務国	50.7
11 パキスタン	36.9	3.4	―	―	債務国	14.8
12 チェコ	131.7	4.2	―	―	債務国	77.5
13 ハンガリー	134.1	5.4	―	―	債務国	81.8
14 ポーランド	69.8	5.7	―	―	債務国	103.6
15 ルーマニア	68.6	9.4	―	―	債務国	41.0
16 ロシア	47.5	3.1	―	燃料輸出国	[債権国]	197.7
17 トルコ	55.6	5.0	製造業品輸出国	―	債務国	79.1
18 アルゼンチン	37.7	2.3	多品目輸出国	―	債務国	58.6
19 ブラジル	21.9	1.8	製造業品輸出国	―	債務国	221.9
20 チリ	66.2	5.5	一次産品輸出国	一次産品輸出国	債務国	80.7
21 コロンビア	32.9	4.2	多品目輸出国	―	債務国	44.8
22 メキシコ	61.8	2.3	製造業品輸出国	―	債務国	228.6
23 ペルー	41.9	3.8	一次産品輸出国	―	債務国	19.4
24 ベネズエラ	54.3	-0.3	燃料輸出国	燃料輸出国	[債権国]	45.4
25 エジプト	31.9	9.3	サービス輸出国	―	債務国	38.9
26 南アフリカ	53.2	0.0	多品目輸出国	―	債務国	77.0
日本	28.1	-0.2	―	―	―	―
アメリカ	22.5	1.4	―	―	―	―
ユーロ圏	65.2	3.8	―	―	―	―

注：1999年の国分類は、全輸出に占める比率50％以上かどうかで5分類。2007年の輸出分類は、2007年の輸出分類のうち、一次産品輸出国は燃料を除いている。
出所：IMFの国分類は、*World Economic Outlook* (WEO) の2000年10月版と2008年4月版、対内直接投資残高は、UNCTAD, *World Investment Report 2007*、それ以外は、World Bank, *World Development Indicators 2008*.

標である。また、2000年の国連ミレニアム開発目標以降の貧困削減は所得分配の公正化に入れられる。

政策目標毎に分析すると、短期の目標全体をもっとも望ましい水準に誘導すること、それはマクロ経済の安定に対応している。これは、IMFの所管事項である。その際に、マクロ経済目標の間にトレードオフ（二律背反）の関係があることに留意しなければならない。

短期的な経済成長率の確保の代替目標として挙げた失業削減を満たすには、景気刺激策ないし好況政策を採用すればよいが、国際収支赤字とインフレを増長する可能性がある。したがって、全体的にみてマクロ経済目標を望ましい水準にすることが必要となっているのである。

これらの政策目標のうち、一般的にもっとも重要視されるのがインフレ率の抑制である。インフレ抑制が経済成長率の安定と雇用の確保、国際収支の安定につながるといわれている。また、価格の抑制は為替レートの安定にも寄与する。

そこで、価格の安定がすべての基本であるとの認識が、先進工業国の為政者の間でしっかり根を下ろしており、同様に新興市場国を含む途上国の関係者の間でも共通認識となっている。ユーロ圏では、インフレ率、財政収支に関する各国共通のターゲットが決められている（表8-7参照）。

これらの政策目標を具体的なマクロ経済指標でみる。表3-5にインフレ率の一覧表がある。多くの国々において、一桁になっている。過去とは様変わりの安定であるが、これは先進工業国でインフレ率が2～3%になったことによる。ただし、ラテン・アメリカ諸国やトルコではまだ高い水準にある。

失業率のデータについては、比較可能なデータはなかなかない。ある程度の規模の企業へのサーベイであるが、国別に対象が異なっており、比較が困難である。日本で小企業でも、途上国では大企業となる、といった具合である。さらに、インフォーマルセクターの取り扱いも、国によって異なるであろう。表3-2に、一部の国の失業率を示した。

2）財　　政

　マクロ政策目標の重要な目標として財政が挙げられる。上述のインフレ抑制と並んで重要な政策目標とする国が多い。筆者の分類では、財政政策による指標、例えば財政赤字の抑制は手段とみなせる。あるいは、上記3目標のサブ目標と位置づけられよう。

　さらに、経済学的には、財政赤字が国際収支赤字の最大の原因のひとつであることが多い。よく言われる例は、アメリカの今日の膨大な国際収支の貿易赤字の最大の原因は、中国や日本からの輸入急増ではなくて、アメリカの膨大な財政赤字であるということである。理論的に簡単に説明すると、財政赤字をもたらす過大な政府支出は「乗数」（波及）効果で国内需要を過大にして、輸入を大きくしてしまうのである。また、国内の景気がよいので、企業は輸出でなく、国内向けに生産するので、輸出も減少することになる。

　また、財政赤字は、国際収支赤字に加えて、民間資源のクラウディング・アウトを引き起こす。需要拡大の過程で金利を上げて、民間投資を抑制してしまう。

　一方、政策面でみても、構造改革ないし構造調整の重要な構成部分は、政府の改革である。同計画導入前には政府主導で経済発展が進められたが、それが失敗に終わっていた。したがって、政府ベースの資源配分をどうするかということが重要となったのである。

　さらに、途上国、特に低所得国では政府を中心とした公的部門の比重が大きいので、当該経済の最大の機構である政府の改革が構造改革として重要となったのである。

　財政の構成についてであるが、歳入から経常・投資支出を差し引くと総合収支（overall balance）となる。歳入と歳出から債務関連の収入と支出を差し引いたものが、基礎的収支（プライマリー・バランス）である。国債依存度の大きい日本でも、この収支の均衡が財政上の重要な目標となっている[11]。

　そこで、表3-5のデータを見ると、多くの国が赤字である。発展段階が低く、多くの投融資が行われているポーランドやハンガリーでは、財政赤字の大きさが注目されている。2008年9月からの米欧金融危機の余波で真っ

先に影響を受けたハンガリーについては、国際資本の引き上げ、為替レートの暴落の一因は、同国の財政赤字の大きさであったのではないかと考えられる。

（4）海外依存度

表 3-6 は、輸出や海外直接投資の大きさを示した。東欧諸国の投資や貿易への依存度は大きい。

また、対外資産のポジション（残高）をみることによって、当該国が純債権国なのか純債務国なのかわかる。先進工業国の多くは、対外債権（資産）が対外債務（負債）より大きい純債権国であるが、新興国の中にも同様な資産国がある。産油国を除けば、中国、シンガポール、マレーシアである。マレーシアは、アフリカを含む多くの途上国に積極的な投資を行っている。

2008 年 9 月からの米欧金融危機の余波で通貨の暴落が起こった韓国は、純債権国から純債務国へ転落した。

3. マクロ経済予測

経済成長率のデータは表 3-7 で示した。過去の趨勢と今後の予測が示されている。IMF のホームページで、「世界経済見通し」のデータベースからダウンロードできる。先進工業国については、潜在成長率も計測されているので、需給ギャップが把握できて予測が容易となる。

各国別にみると、中国の高度成長はまだかなり続くのである。インドの成長率も高い。その他の国々の多くも、5%前後の高い成長率が続く。

本書の冒頭で示したが、2008 年 10 月、IMF 調査局長は表 3-8 のような予測を行っている。

第3章 基礎構造の理解 51

表3-7 経済成長率 (1980-2013)

		1980	1981	1982	1983	1984	1985	1986	1987	1988	1989	1990	1991	1992	1993	1994	1995	1996	1997
1	中国（本土）	7.91	4.74	9.10	10.90	15.20	13.50	8.80	11.60	11.30	4.10	3.80	9.20	14.20	14.00	13.10	10.90	10.00	9.30
2	中国（香港）	10.21	9.24	2.79	5.798	9.993	0.511	2.427	13.406	8.445	2.222	3.898	5.695	6.093	6.043	6.013	2.293	4.193	5.056
3	韓国	(1.49)	6.16	7.33	10.78	8.10	6.80	10.62	11.10	10.64	6.74	9.16	9.39	5.88	6.13	8.54	9.17	7.00	4.65
4	シンガポール	9.71	9.73	7.13	8.52	8.34	(1.44)	2.12	9.83	11.47	10.01	9.22	6.56	6.34	11.73	11.57	8.16	7.79	8.34
5	インドネシア	9.88	7.60	2.25	4.19	6.98	2.46	5.88	4.93	5.78	7.46	7.24	6.95	6.46	6.82	7.54	8.22	7.82	4.70
6	マレーシア	7.44	6.94	5.94	6.25	7.76	(0.88)	1.15	5.39	9.94	9.06	9.01	9.55	8.89	9.90	9.21	9.83	10.00	7.32
7	フィリピン	5.15	3.42	3.62	1.88	(7.32)	(7.31)	3.42	4.31	6.75	6.21	3.04	(0.58)	0.34	2.12	4.39	4.68	5.85	5.19
8	タイ	4.60	5.91	5.35	5.58	5.76	4.64	5.53	9.52	13.29	12.19	11.62	8.11	8.08	8.25	8.99	9.24	5.90	(1.37)
9	ベトナム	(3.50)	5.80	8.15	7.09	8.40	5.62	3.36	2.55	5.10	7.80	5.05	5.81	8.70	8.08	8.83	9.54	9.34	8.15
10	インド	3.58	6.44	4.30	6.25	4.83	5.27	5.03	4.41	8.51	7.24	6.08	2.14	4.39	4.94	6.20	7.35	7.56	4.66
11	パキスタン	8.53	6.83	6.54	6.78	5.07	7.59	5.50	6.45	7.63	4.96	4.46	5.45	7.84	1.26	3.74	4.96	4.85	1.01
12	チェコ	3.50	0.20	0.20	2.30	3.50	3.60	2.08	0.57	2.05	4.53	(1.22)	(11.49)	(3.29)	0.57	3.21	6.36	4.16	(0.73)
13	ハンガリー	0.22	2.87	2.84	0.72	2.66	(0.25)	1.54	4.05	(0.07)	0.74	(3.50)	(11.89)	(3.06)	(0.58)	2.95	3.45	1.34	4.57
14	ポーランド	(6.00)	(10.00)	(4.85)	5.60	(0.37)	3.86	3.49	2.30	3.29	3.81	(7.17)	(7.01)	2.03	4.29	5.24	6.73	6.24	7.09
15	ルーマニア	3.30	0.10	3.90	6.00	6.00	(0.10)	2.40	0.80	(0.50)	(5.80)	(5.61)	(12.93)	(8.77)	1.53	3.93	7.14	3.95	(6.05)
16	ロシア	n/a	n/a	n/a	n/a	n/a	n/a	n/a	n/a	n/a	n/a	n/a	n/a	n/a	(8.70)	(12.70)	(4.10)	(3.60)	1.40
17	トルコ	(0.78)	4.37	3.43	4.76	6.82	4.26	6.94	10.03	2.12	0.25	9.26	0.93	5.98	8.04	(5.46)	7.19	7.01	7.53
18	アルゼンチン	0.70	(5.74)	(3.15)	3.73	2.00	(6.95)	7.15	2.53	(1.96)	(7.01)	(1.34)	10.50	10.30	6.25	5.84	(2.85)	5.53	8.11
19	ブラジル	9.19	(4.40)	0.60	(3.40)	5.31	7.90	7.54	3.60	0.26	3.20	(4.17)	1.03	(0.54)	4.93	5.85	4.22	2.15	3.38
20	チリ	7.95	6.21	(13.59)	(2.80)	5.89	1.97	5.60	6.58	7.29	10.61	3.67	7.97	12.28	7.00	5.71	10.63	7.40	6.71
21	コロンビア	4.43	2.28	0.95	1.57	3.35	3.11	5.82	5.37	4.06	3.41	4.28	2.37	4.35	5.71	5.15	5.20	2.06	3.43
22	メキシコ	9.48	8.53	(0.52)	(3.49)	3.41	2.19	(3.08)	1.72	1.19	4.20	5.07	4.22	3.63	1.95	4.42	(6.17)	5.15	6.77
23	ペルー	7.66	5.46	(0.32)	(9.33)	3.80	2.09	12.11	7.74	(9.42)	(13.42)	(5.09)	2.11	(0.43)	4.76	12.82	8.61	2.52	6.86
24	ベネズエラ	(1.90)	(0.41)	0.71	(5.51)	1.16	0.19	6.51	3.57	5.84	(8.59)	6.48	9.74	6.05	0.28	(2.35)	3.95	(0.20)	6.37
25	エジプト	3.41	2.20	7.30	8.88	8.02	7.43	4.76	4.27	3.99	2.99	2.35	2.10	0.30	2.90	4.19	4.48	4.88	5.92
26	南アフリカ	6.62	5.36	(0.38)	(1.85)	5.10	(1.21)	0.02	2.10	4.20	2.40	(0.32)	(1.02)	(2.14)	1.23	3.23	3.12	4.31	2.65
	台湾	7.36	6.24	3.48	8.32	10.71	5.02	11.49	12.66	8.04	8.45	5.70	7.58	7.85	6.90	7.39	6.49	6.30	6.59
	日本	3.18	2.93	2.76	1.61	3.12	5.08	2.96	3.80	6.77	5.29	5.20	3.35	0.97	0.25	1.11	1.96	2.75	1.57
	アメリカ	(0.23)	2.52	(1.94)	4.52	7.19	4.13	3.47	3.38	4.13	3.54	1.88	3.32	2.67	4.02	2.50	3.70	4.50

表3-7 経済成長率（つづき）

		1998	1999	2000	2001	2002	2003	2004	2005	2006	2007	2008	2009	2010	2011	2012	2013	予想の初年	2001-2007	2008-2013
1	中国（本土）	7.80	7.60	8.40	8.30	9.10	10.00	10.10	10.40	11.10	11.40	9.27	9.46	10.50	10.00	10.00	10.00	2006	10.06	9.87
2	中国（香港）	-6.026	2.556	7.951	0.497	1.841	3.006	8.466	7.082	7.018	6.259	4.342	4.772	5.016	5.034	5.035	5.046	2006	4.88	4.87
3	韓国	(6.85)	9.49	8.49	3.84	6.97	3.10	4.73	4.20	5.13	4.97	4.15	4.36	4.77	4.76	4.67	4.57	2007	4.71	4.55
4	シンガポール	(1.38)	7.20	10.06	(2.44)	4.18	3.50	8.99	7.30	8.17	7.72	3.98	4.49	5.74	5.71	5.54	5.50	2006	5.35	5.16
5	インドネシア	(13.13)	0.79	5.35	3.64	4.50	4.78	5.03	5.69	5.51	6.32	6.09	6.30	6.50	6.70	6.70	6.70	2006	5.07	6.50
6	マレーシア	(7.36)	6.14	8.68	0.52	5.39	5.79	6.78	5.00	5.93	6.33	5.00	5.25	6.00	6.00	6.00	6.00	2007	5.11	5.71
7	フィリピン	(0.58)	3.40	5.97	1.76	4.45	4.93	6.38	4.87	5.45	7.33	5.83	5.81	6.00	6.10	6.20	6.20	2006	5.02	6.02
8	タイ	(10.51)	4.45	4.75	2.17	5.32	7.14	6.34	4.53	5.11	4.75	5.29	5.59	5.90	6.00	6.00	6.00	2006	5.05	5.80
9	ベトナム	5.77	4.77	6.79	6.90	7.08	7.34	7.79	8.43	8.19	8.50	7.30	7.30	7.80	7.90	8.00	8.00	2006	7.75	7.72
10	インド	5.97	7.14	5.45	3.89	4.56	6.86	7.89	9.13	9.75	9.21	7.90	7.98	8.03	8.00	7.95	7.96	2007	7.32	7.97
11	パキスタン	2.55	3.66	4.26	1.98	3.22	4.85	7.37	7.67	6.92	6.38	6.00	6.70	6.80	6.90	7.00	7.20	2006	5.48	6.77
12	チェコ	(0.76)	1.34	3.65	2.46	1.90	3.60	4.49	6.37	6.36	6.46	4.25	4.65	4.25	4.10	4.00	4.00	2007	4.52	4.21
13	ハンガリー	4.86	4.17	5.19	4.07	4.37	4.18	4.81	4.13	3.88	1.33	1.80	2.50	3.50	3.70	4.10	4.30	2006	3.82	3.32
14	ポーランド	4.98	4.52	4.25	1.21	1.44	3.87	5.34	3.62	6.25	6.52	4.93	4.45	4.80	4.82	4.90	4.89	2007	4.04	4.80
15	ルーマニア	(4.82)	(1.15)	2.15	5.75	5.12	5.22	8.40	4.10	7.90	6.00	5.40	4.74	5.24	5.54	5.76	6.00	2006	6.07	5.45
16	ロシア	(5.30)	6.40	10.00	5.10	4.70	7.30	7.20	6.40	7.40	8.10	6.80	6.30	6.00	5.90	5.80	5.60	2007	6.60	6.07
17	トルコ	3.09	(3.37)	6.77	(5.70)	6.16	5.27	9.36	8.40	6.89	4.95	3.95	4.30	5.00	5.00	5.00	3.00	2007	5.05	4.71
18	アルゼンチン	3.85	(3.39)	(0.79)	(4.41)	(10.90)	8.84	9.03	9.18	8.47	8.66	6.95	4.50	4.50	3.00	3.00	3.00	2007	4.12	3.91
19	ブラジル	0.04	0.25	4.31	1.31	2.66	1.15	5.72	3.16	3.75	5.42	4.75	3.65	4.49	4.02	4.02	4.02	2007	3.31	4.16
20	チリ	3.27	(0.37)	4.46	3.53	2.16	3.97	5.98	5.71	3.97	5.01	4.47	4.50	5.54	5.44	5.34	5.02	2006	4.33	5.05
21	コロンビア	0.57	(4.20)	2.93	1.47	1.93	3.86	4.87	4.72	6.79	7.00	4.55	4.50	5.00	5.00	5.00	5.00	2006	4.38	4.84
22	メキシコ	5.03	3.76	6.59	(0.03)	0.77	1.39	4.23	2.84	4.81	3.29	1.95	2.25	4.85	4.99	4.39	3.76	2007	2.47	3.70
23	ペルー	(0.66)	0.91	2.95	0.22	5.02	4.03	5.11	6.75	7.56	8.99	6.95	6.00	5.50	5.50	5.00	5.50	2007	5.38	5.83
24	ベネズエラ	0.29	(5.97)	3.69	3.39	(8.86)	(7.76)	18.29	10.32	10.35	8.40	5.75	3.50	2.20	2.20	2.20	2.20	2006	4.88	3.01
25	エジプト	7.54	6.11	5.38	3.52	3.19	3.19	4.09	4.47	6.84	7.09	6.98	7.08	7.01	7.31	7.63	7.76	2007	4.63	7.30
26	南アフリカ	0.52	2.36	4.16	2.74	3.67	3.12	4.86	5.00	5.39	5.14	3.81	3.90	4.61	4.79	4.80	4.80	2007	4.27	4.45
	台湾	4.55	5.75	5.77	(2.17)	4.64	3.50	6.15	4.16	4.89	5.70	3.43	4.12	4.64	4.73	5.01	4.96	2007	3.84	4.48
	日本	(2.05)	(0.14)	2.86	0.18	0.26	1.41	2.74	1.93	2.42	2.11	1.43	1.49	1.74	1.72	1.70	1.71	2007	1.58	1.63
	アメリカ	4.18	4.45	3.66	0.75	1.60	2.51	3.64	3.07	2.87	2.19	0.52	0.56	2.88	3.74	3.48	3.16	2007	2.38	2.39

出所：IMF, World Economic Outlook Database, 3 June, 2008.

表 3-8

	2008	2009
世　　界	4%	3%
先進工業国	1.5%	ゼロかマイナス(年の中頃まで)
新興市場国・地域と途上国・地域	7%	6%

出所：IMF, Oct, 2008.

注
1) 例えば、1990年代初頭のケニアの援助会議で、経済自由化に加えて、「政治民主化せざれば援助中止」という新たな政治的条件を付した。アフリカにそれぞれ旧植民地20か国程度を抱えるイギリス・フランス両国は、民族問題を引き起こすと反対したが、アメリカが押し切ったのである。
2) Kuczunski and Williamson (2003), After the Washington Consensus: Restarting Growth and Reform in Latin America.
3) 同国は構造調整計画のモデル国であったが、2006年初めに誕生した政権がガス業など民営化企業の再国有化を提案している。
4) ホームページで記者会見のビデオを視聴できるし、議事録もある。
5) 157.987ℓ。2ℓのペットボトルの80本分である。
6) 簡単に説明すると、生産物の合計である生産所得は、生産物の支出の合計に等しい。生産物は、国内で消費されるか投資され、一部は外国に輸出される。また、生産活動に関わった労働者の賃金と、資本家の利潤の合計が、分配所得ということになる。
7) GNIとGNPは同じであるが、多国籍企業の利潤の本国送金などをGDPから差し引くと、GNPが算出される。
8) 21世紀の今日を理解するために、1990年代まで遡ると、国連ミレニアム開発目標の背景として、1996年のDAC新開発戦略の発表がある。冷戦の終結後の世界における援助の効果的な実施を背景としており、同計画策定に日本政府もかなりインプットをしたと言われる。
　そして、その後DAC開発戦略は2000年の国連ミレニアム・サミットによる国連ミレニアム開発目標につながることになる。DAC新戦略と同様に、1990年の絶対貧困層を2015年までに半減する目標などが採択された。
9) 2007年10月の世界経済見通しのアジア部分の記者会見をビデオでみた。発表者の課長によれば、アジアにおいて所得格差が大きくなりつつあるとのこと。その後記者との質疑応答の時間で、インド系の記者が2回質問して食い下がる。BRICsにおいても問題になりつつあるのではないかと。

10) 多くの政策目標として財政赤字が挙げられることが多いが、これもインフレ抑制や国際収支改善のサブ目標ないし政策手段と考えられよう。
11) 中央政府の財政構造は、歳入（revenue）、経常支出たる歳出（current expenditure）、そして投資支出たる公共投資（capital expenditure）からなる。公共投資は、多くの国で開発支出（development expenditure）ないし開発予算とも呼ばれる。

第4章

新興市場国のファイナンス

1. 国際収支とファイナンス

（1）国際収支の特徴と構成

新興市場国の国際経済取引の全体をみるために、基本となる国際収支について説明する。それを数値で表した国際収支表は、国と国の間の取引を記載した統計表である。

国際収支の全体像を説明すると、大きく経常勘定（current account）と資本勘定（capital and financial account）に分かれる。経常勘定は経常的な経済活動に関わる取引、資本勘定は資本の取引を対象とする。表4-1が現在世界中の国共通で使われている国際収支表である[1]。

資本勘定は、当該国の経常的な活動である、国内生産や輸出などのための資金フローのうち海外からのフローを記述している。国内の資金（貯蓄）で足りない部分が、海外からの投資や援助という形で入ってくるのである。ただし、資金フローは

表4-1　国際収支表

項　　　目
貿易・サービス収支
貿易収支
輸　　出
輸　　入
サービス収支
所得収支
経常移転収支
経　常　収　支
投資収支
直接投資
証券投資
（証券貸借取引を除く）
金融派生商品
その他投資
（証券貸借取引を除く）
その他資本収支
資　本　収　支
外貨準備増（－）減
誤差脱漏

出所：財務省ホームページ

流入だけでなく、流出もある。経済力のある新興市場経済は、海外への投融資を行っているのである。

(2) 国際収支不均衡の原因

国際収支の不均衡を国際収支表に照らして説明すると、全体的には総合収支でわかる。国際収支統計の改定で、表4-1にみるように、総合収支の記述がないが、それをまず見るほうが早い。

IMFの国際金融統計（IFS）では国際収支表が掲載されており、総合収支の数字もある。総合収支が赤字であると、その原因として、まずチェックするのが貿易収支を中心とした経常収支である。貿易収支不均衡の要因は以下の項目をチェックする。

① 需要面
　景気のずれ、成長率の差「短期的、一過性の要因」
　過少貯蓄（赤字国）過剰貯蓄（黒字国）「中長期的、構造的な要因」[2]
② 供給面
　価格競争力（為替レートを含む）
　非価格競争力

経常収支が赤字の場合、それを埋めるのが資本勘定の項目である。中長期的には、外国直接投資や「その他投資」に含まれる公的金融が重要である。前者は、当該国の経済状況に依存する。

後者には、先進工業国からの経済協力が含まれる、もちろん、「その他投資」には、民間金融機関などによる長期の融資も含まれる。

より短期的なファイナンス項目として、証券投資やデリバティブ（金融派生商品）がある。当該国経済のファンダメンタルズや金利などが影響する。

資本勘定で経常収支の赤字を埋められない場合、総合収支が赤字になる。そのファイナンスについては、次節で述べる。

2. 国際収支不均衡のファイナンス

(1) ファイナンスの手段

まず不均衡の原因に接近すると、国際収支表の2つの勘定、すなわち経常勘定と資本勘定のどちらに問題があったのかということになる。経常勘定の問題とは、基本的に貿易収支（輸出マイナス輸入）の悪化である。資本勘定についても投資収支の悪化が中心であるが、近年では勘定内の項目のうち証券投資など短期資本の流出が問題とみる。

手段ないし政策としては、貿易赤字が大きくなると、財政金融政策に加えて、為替レートの切り下げが行われる。また国際競争力を高めるための構造改革が必要となる。

資本収支の赤字を埋めるためには、民間の投融資が見込めない場合、公的な融資ないし援助が求められる。

経常収支と資本収支を合わせて赤字があれば、外貨準備増減などで埋めなければならない。国際収支の総合収支はゼロサムであるから、黒字の国があれば、赤字の国が存在することになる。ゼロが望ましいので、それからプラス、マイナスと外れると、ファイナンスの問題となる。

ファイナンスという場合、赤字をどのように埋めるのかが重要である。中国など東アジアの少数の国に多い黒字国の場合、黒字の縮小が問題となる。

まず一般的に接近方法を述べると、国際収支の総合収支の不均衡は、国際収支表では「外貨準備増減など」で調整されるが、具体的には以下の3つの項目によって帳尻が合わされる。

① 外貨準備増減（中央銀行による調整）
② IMF融資
③ 特別融資

表4-2 資金フロー
(単位:100万ドル)

	2004	2005	2006	2007
世界の途上・移行地域				
①長期資本フロー	76,387	101,780	160,485	283,310
②海外直接投資	225,546	288,472	367,492	470,782
③証券投資	40,372	68,885	104,849	145,100
東アジア				
①長期資本フロー	4,374	5,958	15,848	26,542
②海外直接投資	70,263	104,184	104,972	117,385
③証券投資	19,313	26,112	54,837	48,600
欧州				
①長期資本フロー	64,708	76,606	147,032	166,171
②海外直接投資	63,521	72,224	124,581	161,560
③証券投資	5,103	7,906	11,085	20,700
ラテン・アメリカ				
①長期資本フロー	−3,242	11,065	−6,053	29,911
②海外直接投資	64,580	70,401	70,459	107,176
③証券投資	−586	12,461	11,440	28,100
南アジア				
①長期資本フロー	6,386	4,348	21,307	33,824
②海外直接投資	7,586	9,965	22,916	28,864
③証券投資	8,990	12,399	10,428	35,400
中東				
①長期資本フロー	−926	−433	−12,958	7,639
②海外直接投資	7,111	14,407	27,503	30,515
③証券投資	866	2,626	1,971	2,100
サハラ以南アフリカ				
①長期資本フロー	5,087	4,234	−4,693	19,224
②海外直接投資	12,485	17,289	17,063	25,283
③証券投資	6,684	7,381	15,088	10,200
中所得国				
①長期資本フロー	66,408	96,630	141,620	234,854
②海外直接投資	208,149	267,609	325,781	431,782
③証券投資	31,269	56,218	94,056	−
低所得国				
①長期資本フロー	9,979	5,151	18,865	48,456
②海外直接投資	17,397	20,862	41,711	39,000
③証券投資	9,102	12,668	10,793	−

出所:World Bank, *Global Development Finance* (*GDF*) *2008*, May 2008, を利用して筆者作成。

以下、説明すると、IMF融資や特別融資は対外支援策である。IMF融資はファイナンス項目であるが、それと平行して日本の国際協力銀行などの協調融資がある。これは、資本勘定の「その他投資」に含まれる。貧困国については、政府開発援助（ODA）が供与される。

特別融資は、対外債務支払いの救済である。資本勘定の方で本来支払われるべき債務支払いが計上されて、支払い免除、猶予、減額の金額が特別融資に現れるのである。

（2）国際収支不均衡のサーベイ

経常収支の対GDP比率は、表3-5にある。多くの新興市場国は赤字を計上しているが、中国など東アジアの国々は大きな黒字を実現しており、その是正を求められることになった。

表4-3 外貨準備
(単位：金を除く外貨準備の輸入カバー率（月）)

		2006
1	中国（本土）	70.2
2	中国（香港）	20.7
3	韓国	40.2
4	シンガポール	29.7
5	インドネシア	26.5
6	マレーシア	32.6
7	フィリピン	19.4
8	タイ	26.4
9	ベトナム	15.7
10	インド	50.8
11	パキスタン	20.1
12	チェコ	17.4
13	ハンガリー	14.7
14	ポーランド	19.3
15	ルーマニア	28.6
16	ロシア	85.3
17	トルコ	23.8
18	アルゼンチン	47.0
19	ブラジル	46.4
20	チリ	26.3
21	コロンビア	30.5
22	メキシコ	14.8
23	ペルー	48.7
24	ベネズエラ	45.5
25	エジプト	72.1
26	南アフリカ	−

出所：IMF, *IFS 2007*.

表4-2は途上国に対する資金フローを地域別にみたものである。まず下段をみると、新興市場国・地域が多く含まれる中所得国に対する直接投資が増大しているのがわかる。証券投資の規模も大きい。

次に地域別にみると、欧州、東アジアに対する直接投資の金額が大きい。直接投資について、本書の対象の26か国について表3-6にデータがある。

最後に、表4-3で外貨準備の輸入カバー率をみる。ロシア、中国、エジプトが図抜けて高い水準にいたっているのがわかる。インドの水準も高い。

注

1) 日本の統計については、財務省や日本銀行のホームページでこの表が総括表として入手できる。
2) 1989年、1993年の日米の経済構造改革の協議の中で、アメリカ側は日本の過剰貯蓄、裏返して言えば過少消費が日本の貿易黒字の最大の原因であると非難した。それが、日本の国内需要（いわゆる内需）を過小にして、輸入減少、輸出ドライブ（海外の景気がよりよいため）をもたらすとみたのである。

第5章

国際貿易

本章では、国際貿易の概況、構造を扱う。政策については、IMF・世界銀行主導で各国において実施された貿易自由化が中心であるが、第8章で解説する。

1. 世界と新興市場国

既出の表1-2で世界経済の構造をみたが、EU、特にユーロ圏の輸出が大きい。新興市場国としての東欧との貿易も伸びていると推察される。次は、EUと北米との間の貿易である。

EUに次いで、アジアの比重も比較的大きい。中国が10%強と大きいが、世界人口1%のアジアNIEs（4か国）が10%弱を占めている。中国が台頭する前は、これら4か国が10%以上を占めていた。既に述べたが、アジアNIEsは、東南アジアにおいて、貿易のみならず投資で重要である。

2. 国別貿易概況

もっと詳しく貿易の概況をみたのが表5-1である。貿易が最も活発な地域は、

EUである。アジアにおいては、中国、韓国、台湾、香港の輸出が大きい。東アジアは輸入の規模も大きい。東南アジアでは、シンガポールの輸出入額が大きい。

表5-1 貿易の概況 (2006年)

(単位:100万ドル、%)

	輸出 金額	輸出 構成比	輸入 金額	輸入 構成比
NAFTA	1,675,209	14.1	2,459,938	20.1
アメリカ	1,036,635	8.7	1,853,938	15.1
カナダ	388,113	3.3	349,795	2.9
メキシコ	250,461	2.1	256,205	2.1
EU25	4,536,175	38.2	4,624,074	37.8
EU15	4,156,494	35.0	4,187,369	34.2
ドイツ	1,113,036	9.4	909,523	7.4
フランス	489,853	4.1	534,845	4.4
イギリス	447,619	3.8	566,031	4.6
EU新規加盟国	379,681	3.2	430,255	3.5
中・東欧3ヵ国	280,249	2.4	296,638	2.4
日本	647,290	5.5	579,294	4.7
東アジア	2,581,248	21.7	2,295,051	18.8
中国	969,073	8.2	791,614	6.5
韓国	325,465	2.7	309,383	2.5
台湾	213,004	1.8	202,038	1.7
香港	322,664	2.7	335,753	2.7
ASEAN	751,043	6.3	656,264	5.4
タイ	130,621	1.1	128,652	1.1
マレーシア	160,845	1.4	131,223	1.1
インドネシア	100,799	0.8	61,065	0.5
フィリピン	47,037	0.4	51,533	0.4
シンガポール	271,916	2.3	238,900	2.0
ベトナム	39,826	0.3	44,891	0.4
インド	121,259	1.0	172,876	1.4
オーストラリア	123,372	1.0	132,753	1.1
ブラジル	137,470	1.2	91,396	0.7
アルゼンチン	46,528	0.4	34,159	0.3
ロシア	226,524	1.9	128,151	1.0
トルコ	85,502	0.7	138,295	1.1
南アフリカ共和国	57,897	0.5	68,157	0.6
世界	11,874,183	100.0	12,239,837	100.0
先進国	6,668,707	56.2	7,362,212	60.1
途上国	5,205,476	43.8	4,877,625	39.9
BRICs	1,454,326	12.2	1,184,036	9.7

出所:日本貿易振興機構 (JETRO)『ジェトロ貿易投資白書2007』、2007年9月。

第6章

海外直接投資 (FDI)

1. 投資の概況

　世界規模の直接投資については、近年の伸びは著しい。2005年以降2007年まで持続的に増加し、高水準を続けている。そのかなり多くは、本書の対象の新興市場国を中心とした中所得国向けである。

　表6-1をみると、東アジアへの投資が大きいのがわかる。特に、中国と香港への投資が大きい。東南アジアでは、シンガポールの水準が高い。

　しかし、既出の表4-2で地域別にみると、近年東欧が最も投資を受け入れている。そして、アジアと所得レベルの高いラテン・アメリカが続く。東欧については、市場経済移行の選択をした東欧への西欧からの投資が増えている。東アジアは1997-1998年の通貨危機後に、直接投資の比重が上がっていない。

　直接投資の目的であるが、その根本的な要因が投資国と投資受入国との間の予想収益率の差であり、市場、天然資源、労働力を求めて投資が行われている。中国の場合、日本の投資については、WTO加盟後の2002年からは、輸出基地としてではなく、国内市場を求めた投資が増えるようになった。

　直接投資の当該国に対する影響であるが、投資国では生産・雇用減、いわゆる国内産業の空洞化が生じる。しかし、受入国からの投資収益の受け取りがある。一方、受入国では生産・雇用増という利益がある。しかし投資収益の支払

いがある[1)]。総合的には、直接投資の技術面の波及効果も考慮して、受入国の発展に大きな貢献をもたらしているといえよう。

外国投資受け入れのトップ10を表6-2に示した。中国が圧倒的に大きい。

表6-1　直接投資の概況〈国際収支ベース、ネット、フロー〉

(単位：100万ドル、%)

	対内直接投資			対外直接投資		
	2005年	2006年	構成比	2005年	2006年	構成比
アメリカ	108,996	180,580	12.7	△7,662	235,358	16.4
カナダ	28,922	69,041	4.9	33,542	45,243	3.2
EU25	654,761	668,688	47.0	779,470	794,904	55.4
EU15	616,767	629,882	44.3	771,821	782,922	54.5
フランス	81,063	81,076	5.7	120,971	115,036	8.0
ドイツ	35,866	42,868	3.0	55,514	79,422	5.5
イギリス	195,990	139,543	9.8	90,913	79,457	5.5
EU新規加盟10国	37,994	38,806	2.7	7,649	11,982	0.8
ポーランド	9,602	13,922	1.0	3,024	4,266	0.3
スロバキア	2,107	4,165	0.3	157	368	0.0
日本	3,223	△6,789	n. a.	45,461	50,165	3.5
東アジア	150,467	174,407	12.3	57,574	91,378	6.4
中国	79,127	78,095	5.5	11,306	17,830	1.2
韓国	6,309	3,645	0.3	4,298	7,129	0.5
台湾	1,625	7,424	0.5	6,028	7,399	0.5
香港	33,625	42,894	3.0	27,196	43,460	3.0
ASEAN	29,782	42,350	3.0	8,747	15,561	1.1
タイ	8,957	9,751	0.7	552	790	0.1
マレーシア	3,967	6,047	0.4	2,971	6,041	0.4
シンガポール	15,004	24,207	1.7	5,034	8,626	0.6
インド	6,676	16,881	1.2	2,495	9,676	0.7
ブラジル	15,066	18,782	1.3	2,517	28,202	2.0
メキシコ	15,763	19,037	1.3	6,474	5,758	0.4
ロシア	12,766	28,732	2.0	12,763	17,979	1.3
世界	1,129,748	1,421,452	100.0	1,001,596	1,435,762	100.0

出所：日本貿易振興機構（JETRO）『ジェトロ貿易投資白書2007』、2007年9月。

表 6-2 大口受入国
(単位：100万ドル)

	2000	2001	2002	2003	2004	2005	2006	2007
全途上国	165.5	173.0	160.7	161.9	225.5	288.5	367.5	470.8
トップ10	114.6	123.5	107.9	101.8	147.5	176.2	226.2	288.9
中国	38.4	44.2	49.3	47.1	54.9	79.1	78.1	84.0
ロシア	2.7	2.7	3.5	8.0	15.4	12.9	30.8	52.5
ブラジル	32.8	22.5	16.6	10.1	18.2	15.2	18.8	34.6
メキシコ	17.9	29.4	21.1	15.0	22.5	19.9	19.2	23.2
トルコ	1.0	3.4	1.1	1.8	2.9	9.8	20.1	22.0
インド	3.6	5.5	5.6	4.3	5.8	6.7	17.5	21.0
ポーランド	9.3	5.7	4.1	4.6	13.1	10.4	19.2	17.6
チリ	4.9	4.2	2.5	4.3	7.2	6.7	8.0	14.5
ウクライナ	0.6	0.8	0.7	1.4	1.7	7.8	5.6	9.9
タイ	3.4	5.1	3.3	5.2	5.9	8.0	9.0	9.6
BRICs	77.5	74.9	75.0	69.5	94.3	113.9	145.2	192.1

出所：World Bank, *GDF 2008*.

2. 多国籍企業

多国籍企業は、経営資源の優位性（例えば、商標）、内部化の利益（技術内部化、交渉コストの削減、分業）、優位な立地（市場、コスト）を求めて、世界規模で展開するようなった[2]。

表6-3は、新興市場国における多国籍企業の数である。大国である中国が一番多いのは当然のことながら、東欧のルーマニアやチェコにかなりの進出があるのがわかる。多くが西欧諸国からの投資とみられる。

表6-4は、途上国の多国籍企業のリストである。これらの企業の他の途上国に対する投資も大きいと思われる。5位の韓国、サムスン電子は有名である。

一方、多国籍企業の問題として、租税回避、ダンピング、環境破壊が挙げられる。社会的責任が強く要求されるようになり、また多くの企業が慈善活動

表6-3 多国籍企業

		国内の外国企業数	調査年
1	中国（本土）	280,000	2005
2	中国（香港）	9,075	2005
3	韓国	13,311	2006
4	シンガポール	14,052	2002
5	インドネシア	721	2004
6	マレーシア	15,567	1999
7	フィリピン	311	2004
8	タイ	2,721	1998
9	ベトナム	245	2006
10	インド	1,796	2006
11	パキスタン	582	2001
12	チェコ	71,385	1999
13	ハンガリー	26,019	2005
14	ポーランド	14,469	2001
15	ルーマニア	89,911	2002
16	ロシア	1,176	2004
17	トルコ	14,955	2006
18	アルゼンチン	1,588	2006
19	ブラジル	3,549	2006
20	チリ	723	2006
21	コロンビア	568	2006
22	メキシコ	25,708	2002
23	ペルー	329	2004
24	ベネズエラ	545	2004
25	エジプト	271	2004
26	南アフリカ	641	2006
	台湾	3,034	2005
	日本	4,500	2005
	アメリカ	24,607	2002
	ユーロ圏		
	ドイツ	9,193	2005
	フランス	10,713	2002
	イギリス	13,667	2005

出所：UNCTAD, *World Investment Report 2007*.

第6章 海外直接投資（FDI） *67*

表6-4 途上国の多国籍企業

（単位：金額は100万ドル）

	会社名	本拠国	資 産	売り上げ	雇用者数	子会社数
1	Hutchison Whampoa Limited	香港	77,018	31,101	200,000	75
2	Petronas-Petroliam Nasional Bhd	マレーシア	73,203	44,353	33,944	167
3	Cemex S. A.	メキシコ	26,439	14,961	52,674	535
4	Singtel Ltd.	シンガポール	20,748	7,906	19,500	99
5	Samsung Electronics Co., ltd.	韓国	74,834	79,017	80,549	76
6	LG Corp.	韓国	50,611	60,805	79,000	42
7	Jardine Matheson Holdings ltd	香港	18,440	11,929	110,000	91
8	CITIC Group	中国	99,059	8,042	93,323	13
9	Hyundai Motor Company	韓国	64,688	58,156	54,115	20
10	Formosa Plastic Group	台湾	57,910	37,664	82,380	11
11	China Ocean Shipping (Group) Company	中国	18,105	15,227	69,549	40
12	Petroleos de Venezuela	ベネズエラ	60,305	63,736	49,180	30
13	Petroleo Brasileiro S. A. -Petrobras	ブラジル	78,461	58,403	53,933	30
14	CLP Holdings	香港	13,145	4,977	6,059	3
15	Capitaland Limited	シンガポール	10,926	2,586	15,444	64
16	America Movil	メキシコ	21,340	16,901	34,650	13
17	China State Construction Engineering Corp.	中国	13,083	14,338	119,000	40
18	Companhia Vale do Rio Doce	ブラジル	22,569	15,113	38,828	6
19	Oil and Natural Gas Corporation	インド	20,641	16,798	34,722	2
20	Hon Hai Precision Industries	台湾	13,972	27,756	210,932	35
21	Sasol Limited	南アフリカ	13,847	10,947	30,004	16
22	China National Petroleum Corporation	中国	143,767	85,959	1,167,129	5
23	Telefonos de Mexico S. A. de C. V.	メキシコ	23,195	15,119	75,484	29
24	Flextronics International Ltd.	シンガポール	10,958	15,288	99,000	125
25	Kia Motors	韓国	15,851	20,329	32,745	13

出所：UNCTAD, *World Investment Report 2007.*

を行うようになった。2007年に退任したイギリス、ブレア首相は、鉱業を中心とする多国籍企業を監視する活動を行ってきた。

最後に、表6-5にクロス・ボーダーM&A（買収）の状況を示した。先進工業国の銀行による買収が進められている。表中の南アフリカの銀行は大手である。

表 6-5 クロス・ボーダー M&A

年	被買収銀行	本拠国	買収銀行	本拠国	総資本に対する比率 (%)	買収額 (10億ドル)
2001	Banamex	メキシコ	CitiGroup	アメリカ	100	12.5
2007	ICBC	中国	Standard Bank	南アフリカ	20	5.5
2006	BCR	ルーマニア	Erste Bank	オーストリア	62	4.8
2006	Akbank	トルコ	CitiGroup	アメリカ	20	3.1
2005	Bank of China	中国	Merrill Lynch	アメリカ	10	3.1
2004	Bank of Communications	中国	HSBC	イギリス	20	2.1
2005	Disbank	トルコ	Fortis	ベルギー	90	1.3
2001	Banespa	ブラジル	Banco Santander	スペイン	30	1.2
2005	Avalbank	ウクライナ	Raiffesen	オーストリア	94	1.1

出所：World Bank, *Global Development Finance* (GDF) 2008, May 2008.

注
1) 日本は近年、貿易収支を投資収益を中心とする要素所得収支の黒字が上回る投資大国となった。イギリス・アメリカのような投資の成熟国となっている。
2) 進出パターンには以下の3つがある。①水平的統合：同種製品を扱う、②垂直的統合：生産の段階を統合（川上産業と川下産業）③多角化：異分野への進出。

第7章 国際金融

1. 序論

国際金融を理解するためには、金融そのものをまず理解する必要がある。一国の金融市場は、一般に以下のように分類される。

短期金融市場
　　インターバンク（銀行間）市場　オープン市場
長期金融市場
　　債券市場　株式市場
金融派生商品（デリバティブ）市場
外国為替市場

この分類は、金融商品の分類ともなっている。

上記の市場を少し説明すると、金融は短期（1年以下）と長期（1年超）に分けられている。また、外国為替市場以外は国内市場であるが、国際的な資本取引が自由化されている国では、これらの市場は国際金融市場とみなされる。それぞれの金融市場における主な金融商品は、次節以降で必要に応じて扱う。

別の分類としては、以下がある。

間接金融
直接金融

間接金融は金融機関を介して企業に融資を行う。上記の短期金融市場に対応する。それに対して、直接金融は直接に企業に融資が行われるものであり、上記の債券と株式に対応する。日本の開発において間接金融が大きな役割を示した。次に述べる公的金融機関、財閥を中心とするグループ内での金融が重要であった。

この分類は、次の分類と対応させてみることができる。

民間金融
公的金融

民間の経済主体の間の金融が民間金融である。公的金融は公的機関によって行われる金融である。公的機関は、政府および政府が設立した公的金融機関を指す。日本の開発においては、公的金融機関による低利融資（間接金融）が大きな役割を果たした。

新興市場国の多くでも、日本型の公的機関による開発金融機関が樹立されたが、多くの場合失敗に終わり、IMF・世界銀行の構造改革の中で、民間ベースの直接金融が強化されることとなった。対外的にも、外国為替市場に加えて、それまで閉鎖的であった債券市場、株式市場が開放されることとなった。

したがって、本章では民間活動を自由にする中で発展した外国為替市場や株式市場を中心にみていく。ただし、公的金融の一定の重要性に鑑みて、本章で政府系金融機関について説明し、また第11章で開発金融を少し扱うことにする。

2. 外国為替市場

(1) 外国為替取引
　世界の外国為替市場を表7-1に示した。イギリスやアメリカの比重が抜き出ているが、新興市場経済ではシンガポールと香港が大きい。シンガポールは東京と匹敵する大きさをもっている。

(2) 為替レートの動向
　表7-2に最近の為替レートの動向を示した。

(3) デリバティブ取引
　デリバティブ（DERIVATIVE）は金融派生商品と訳される。為替、債券、株式、商品などの原資産から派生した金融商品である。公開の取引所取引より店頭取引（over-the-counter：OTC）が多い。店頭取引とは銀行の窓口での取引をさす。
　具体的な取引としては、先物取引、スワップ取引、オプション取引がある。
　デリバティブ市場は急成長した。多様な投資分野を抱えているゆえに、優れたリスク・ヘッジの手段であったこと、また少ない取引で規模の大きな取引ができるレバレッジ（leverage、てこ）効果があったこと、さらにオフ・バランス（簿外）取引であったこと、などによる。
　表7-3に外国為替関連のOTCデリバティブ取引の国別の内訳を示した。

表 7-1 外国為替取引

(単位:100万ドル)

		1995		1998		2001		2004		2007	
		金額	比率(%)	金額	比率(%)	金額	比率(%)	金額	比率(%)	金額	比率(%)
1	中国(本土)	-	-	0	0.0	0	0.0	1	0.0	9	0.2
2	中国(香港)	90	5.7	79	4.0	67	4.1	102	4.2	175	4.4
3	韓国	-	-	4	0.2	10	0.6	20	0.8	33	0.8
4	シンガポール	105	6.7	139	7.1	101	6.2	125	5.2	231	5.8
5	インドネシア	-	-	2	0.1	4	0.2	2	0.1	3	0.1
6	マレーシア	-	-	1	0.1	1	0.1	2	0.1	3	0.1
7	フィリピン	-	-	1	0.1	1	0.1	1	0.0	2	0.1
8	タイ	-	-	3	0.2	2	0.1	3	0.1	6	0.2
9	ベトナム	-	-	-	-	-	-	-	-	-	-
10	インド	-	-	2	0.1	3	0.2	7	0.3	34	0.9
11	パキスタン	-	-	-	-	-	-	-	-	-	-
12	チェコ	-	-	5	0.3	2	0.1	2	0.1	5	0.1
13	ハンガリー	-	-	1	0.1	1	0.0	3	0.1	7	0.2
14	ポーランド	-	-	3	0.2	5	0.3	6	0.3	9	0.2
15	ルーマニア	-	-	-	-	-	-	-	-	3	0.1
16	ロシア	-	-	7	0.4	10	0.6	30	1.2	50	1.3
17	トルコ	-	-	-	-	1	0.1	3	0.1	3	0.1
18	アルゼンチン	-	-	2	0.1	-	-	1	0.0	1	0.0
19	ブラジル	-	-	5	0.3	5	0.3	3	0.1	5	0.1
20	チリ	-	-	1	0.1	2	0.1	2	0.1	4	0.1
21	コロンビア	-	-	-	-	0	0.0	1	0.0	2	0.0
22	メキシコ	-	-	9	0.5	9	0.5	15	0.6	15	0.4
23	ペルー	-	0.0	-	-	0	0.0	0	0.0	1	0.0
24	ベネズエラ	-	-	-	-	-	-	-	-	-	-
25	エジプト	-	-	-	-	-	-	-	-	-	-
26	南アフリカ	5	0.3	9	0.5	10	0.6	10	0.4	14	0.4
	日本	161	10.3	136	6.9	147	9.1	199	8.3	238	6.0
	アメリカ	244	15.5	351	17.9	254	15.7	461	18.2	664	16.6
	ユーロ圏	-	-	-	-	-	-	-	-	-	-
	ドイツ	76	4.8	94	4.8	88	5.5	118	4.9	99	2.5
	フランス	58	3.7	72	3.7	48	3.0	64	2.7	120	3.0
	イギリス	464	29.5	637	32.4	504	31.2	753	31.3	1,359	34.1
	スイス	87	5.5	82	4.2	71	4.4	79	3.3	242	6.1
	オーストラリア	40	2.5	47	2.4	52	3.2	81	3.4	170	4.2

出所:BIS, *Triennial Central Bank Survey 2007*.

表 7-2　為替レートの動向（2008年10月まで）

(単位：1USドル当たり、期末)

		2000	2001	2002	2003	2004	2005	2006	2007	2008 7月	2008 8月	2008 9月	2008 10月
1	中国（本土）	8.28	8.28	8.28	8.28	8.28	8.07	7.81	7.30	6.84	6.83	6.82	6.83
2	中国（香港）	7.80	7.80	7.80	7.76	7.77	7.75	7.77	7.80	7.80	7.80	7.77	7.75
3	韓国	1264.49	1313.52	1186.24	1192.60	1035.09	1011.61	929.81	936.09	1012.18	1088.99	1207.01	1291.40
4	シンガポール	1.73	1.85	1.74	1.70	1.63	1.66	1.53	1.44	1.37	1.42	1.43	1.48
5	インドネシア	9595.06	10400.25	8940.13	8464.80	9290.08	9829.78	9020.01	9418.72	9117.90	9152.88	9378.11	…
6	マレーシア	3.80	3.80	3.80	3.80	3.80	3.78	3.53	3.31	3.26	3.39	3.46	3.56
7	フィリピン	50.00	51.41	53.10	55.57	56.27	53.07	49.13	41.40	44.14	45.68	46.92	48.75
8	タイ	43.27	44.22	43.15	39.59	39.06	41.03	36.05	33.72	33.48	34.12	34.00	34.93
9	ベトナム	14514.08	15084.35	15403.24	15645.69	15777.08	15915.69	16053.98	16029.49	…	…	…	…
10	インド	46.75	48.18	48.03	45.60	43.59	45.06	44.24	39.41	42.48	43.78	46.94	49.25
11	パキスタン	58.03	60.86	58.53	57.21	59.12	59.83	60.92	61.22	71.49	76.10	78.04	81.62
12	チェコ	37.81	36.26	30.14	25.65	22.37	24.59	20.88	18.08	15.34	16.78	17.25	18.99
13	ハンガリー	284.73	279.04	225.16	207.92	180.29	213.58	191.62	172.60	148.07	161.79	169.15	204.85
14	ポーランド	4.14	3.99	3.84	3.74	2.99	3.26	2.91	2.43	2.05	2.27	2.37	…
15	ルーマニア	2.59	3.16	3.35	3.26	2.91	3.11	2.57	2.46	2.26	2.40	2.60	2.88
16	ロシア	28.16	30.14	31.78	29.45	27.75	28.78	26.33	24.55	23.45	24.58	25.25	…
17	トルコ	0.67	1.45	1.64	1.40	1.34	1.35	1.41	1.16	1.16	1.18	1.23	…
18	アルゼンチン	1.00	1.00	3.32	2.90	2.96	3.01	3.04	3.13	3.02	3.01	3.12	3.37
19	ブラジル	1.95	2.32	3.53	2.89	2.65	2.34	2.14	1.77	1.57	1.63	1.91	2.11
20	チリ	572.68	656.22	712.39	599.41	559.83	514.20	534.43	495.80	502.78	516.47	552.48	664.96
21	コロンビア	2187.04	2301.38	2864.83	2780.77	2412.12	2284.17	2225.44	1987.75	1792.22	1907.94	2174.65	2359.52
22	メキシコ	9.57	9.14	10.31	11.24	11.26	10.78	10.88	10.87	10.06	10.14	10.79	12.91
23	ペルー	3.53	3.44	3.51	3.46	3.28	3.43	3.20	3.00	2.81	2.95	2.98	3.09
24	ベネズエラ	0.70	0.76	1.40	1.59	1.92	2.15	2.15	2.15	2.15	2.15	2.14	…
25	エジプト	3.69	4.49	4.50	6.15	6.13	5.73	5.70	5.50	5.30	…	…	…
26	南アフリカ	7.57	12.13	8.64	6.64	5.63	6.32	6.97	6.81	7.33	7.70	8.27	10.11
	日本	114.90	131.81	119.90	107.10	104.12	117.97	118.95	114.00	107.99	109.10	104.30	98.30
	ユーロ圏	1.07	1.13	0.95	0.79	0.73	0.85	0.76	0.68	0.64	0.68	0.70	0.78
	イギリス	0.67	0.69	0.62	0.56	0.52	0.58	0.51	0.50	0.55	0.56	0.62	
	アメリカ（USドル／SDR）	1.30	1.26	1.36	1.49	1.55	1.43	1.50	1.58	1.62	1.57	1.56	1.49

注：公定レートは、マレーシア、タイ、チェコ、ハンガリー、ポーランド、ロシア。優遇レートが南アフリカ、中国、ルーマニア。その他は、銀行間レート。

出所：IMF, International Financial Statistics online, Microsoft Excel File 12/5/2008 10:29:16 PM (monthly), Microsoft Excel File 12/5/2008 10:40:06 AM

表7-3 デリバティブ取引
(単位:100万ドル)

		1998 金額	1998 比率(%)	2001 金額	2001 比率(%)	2004 金額	2004 比率(%)	2007 金額	2007 比率(%)
1	中国（本土）	−	−	−	−	−	−	−	−
2	中国（香港）	3	0.6	4	0.5	15	1.0	24	0.9
3	韓国	0	0.0	0	0.0	2	0.1	7	0.3
4	シンガポール	11	2.3	6	0.8	17	1.1	69	2.7
5	インドネシア	0	0.0	0	0.0	0	0.0	0	0.0
6	マレーシア	1	0.2	0	0.0	0	0.0	0	0.0
7	フィリピン	−	−	−	−	0	0.0	0	0.0
8	タイ	0	0.0	0	0.0	0	0.0	1	0.0
9	ベトナム	−	−	−	−	−	−	−	−
10	インド	−	−	0	0.0	1	0.1	8	0.3
11	パキスタン	−	−	−	−	−	−	−	−
12	チェコ	−	−	0	0.0	1	0.0	1	0.0
13	ハンガリー	0	0.0	0	0.0	0	0.0	1	0.0
14	ポーランド	−	−	−	−	1	0.1	3	0.1
15	ルーマニア	−	−	−	−	−	−	0	0.0
16	ロシア	−	−	−	−	−	−	0	0.0
17	トルコ	−	−	−	−	0	0.0	1	0.0
18	アルゼンチン	−	−	−	−	−	−	−	−
19	ブラジル	−	−	1	0.1	1	0.1	0	0.0
20	チリ	−	−	−	−	0	0.0	0	0.0
21	コロンビア	−	−	0	0.0	0	0.0	0	0.0
22	メキシコ	0	0.0	0	0.0	2	0.1	3	0.1
23	ペルー	−	−	−	−	−	−	0	0.0
24	ベネズエラ	−	−	−	−	−	−	−	−
25	エジプト	−	−	−	−	−	−	−	−
26	南アフリカ	1	0.2	1	0.1	3	0.2	5	0.2
	日本	42	8.8	22	2.9	39	2.6	88	3.5
	アメリカ	90	18.9	135	17.7	355	23.5	607	23.8
	ユーロ圏	−	−	−	−	−	−	−	−
	ドイツ	34	7.2	97	12.7	46	3.0	93	3.7
	フランス	46	9.7	67	8.8	154	10.2	183	7.2
	イギリス	171	36.0	275	36.0	643	42.6	1,081	42.5

注：OTCデリバティブ取引。
出所：BIS, *Triennial Central Bank Survey 2007*.

3. 国際金融市場

本章の序論で、一国の金融市場の分類は説明した。外国為替市場のほかに、銀行間市場に加えて、株式や債券など他の市場がある。本節では、特に株式市場について分析する。

(1) 最近の動向

世銀の『世界開発金融』によれば、2005-2007年にかけて、途上国への国際民間資本（債券と株式）の流入が純額で過去最高水準に達した。理由として、それまでの外貨建て債権に加えて、アジアやラテン・アメリカの現地通貨建て債券市場が、高利回りと為替差益による高収入をもたらしたことが挙げられている。これは、関連国の為替レートが安定していることにもよる。

また相次ぐ民営化や国際的吸収・合併が行なわれ、外国直接投資（FDI）が大幅に伸びていることが報告されている。しかも、南北のフローだけでなく、途上国間の南南フローは、特にFDIを中心に、今や南北フローを上回るペースで増えつつあることが挙げられている。

(2) 株式市場

ここでは、株式市場の動向に関するIMFデータで作成した表7-4を参考にする。まず主な国際市場は、ロンドン、ニューヨーク、東京であると言われる。

ところが、表7-4をみると、2007年末の中国の株式市場の時価総額は、きわめて高い。過去最高水準の株価上昇のおかげである。

他の新興市場国の株式市場については、比重が小さいとはいえ、先進工業国を上回る株価の上昇が実現しているのがわかる。

表7-5で株価とGDPの関係をみたが、中国の2006-2007年の上昇はGDPの伸びを遥かに凌駕したものである。日本は2005年の自民党大勝より前は、株価とGDPの関連はみられない。

表7-4 株式市場

	時価総額 100万ドル	株価指数（年度末）						年平均 (%)
	2007	2002	2003	2004	2005	2006	2007	2003-2007
世界		792.2	1036.3	1169.3	1257.8	1483.6	1588.8	14.9
新興市場国・経済		292.1	442.8	542.2	706.5	912.7	1,245.60	33.7
ラテン・アメリカ		658.9	1,100.90	1,483.60	2,150.00	2,995.70	4,400.40	46.2
アルゼンチン	86,684	470.3	933.6	1,163.00	1,857.10	3,084.10	2,918.80	44.1
ブラジル	1,370,377	395.4	802	1,046.60	1,569.40	2,205.40	3,867.20	57.8
チリ	212,910	445.5	800.6	997.3	1,180.70	1,492.40	1,802.80	32.3
コロンビア	101,956	68.3	108.6	245	495.7	549.8	619.3	55.4
メキシコ	397,725	1,442.80	1,873.10	2,715.60	3,943.60	5,483.30	5,992.10	32.9
ペルー	105,960	182.7	344.1	343.4	441.3	671.4	1,248.70	46.9
ベネズエラ	8,251	77.7	103.8	151	107.4	174.1	163.4	16.0
アジア		140.4	206.4	231.6	286.2	371.5	513.7	29.6
中国	6,226,305	14.1	25.5	25.3	29.3	52.3	85.5	43.4
インド	1,819,101	148.8	246.2	273.1	382.9	560.8	855.1	41.9
インドネシア	211,693	519.6	831.1	1,324.00	1,579.80	2,449.00	3,857.10	49.3
韓国	1,123,633	184.7	246	256.4	386.3	395.2	516.9	22.9
マレーシア	325,663	244	300.4	335.9	329	408.8	542.4	17.3
パキスタン	70,262	146	188.2	211.7	333.3	333.7	447.6	25.1
フィリピン	103,224	210.1	303.7	381.1	431.9	620.2	721	28.0
タイ	196,046	130.2	280.5	263.9	292	274.9	361	22.6
台湾		189.5	259.1	257.7	275.8	318.3	334	12.0
香港	1,714,953	4,808.40	6,341.30	7,668.50	8,016.20	10,152.80	13,994.00	23.8
シンガポール	276,329	764.9	1,005.10	1,148.10	1,295.40	1,696.10	1,971.80	20.9
ベトナム	19,542							
サウジアラビア	515,111							
欧州・中東・アフリカ		108.4	163.9	222.7	300.3	364.4	458.2	33.4
チェコ	73,420	116.2	152.9	234.8	371.5	408.3	539.5	35.9
エジプト	139,289	97.4	234.6	505.3	1,215.70	1,389.30	2,077.90	84.4
ハンガリー	47,651	535.5	646.9	1,057.00	1,447.00	1,690.00	1,738.10	26.6
イスラエル	236,361	90.8	141.4	167.4	209.3	194.4	264	23.8
ヨルダン	41,216	153.5	238.3	379.2	650.6	439.6	531.4	28.2
モロッコ	75,495	138.5	171.4	189.1	231.3	342.9	453.9	26.8
ポーランド	207,322	861	1,118.30	1,419.30	1,867.40	2,253.20	2,341.60	22.2
ロシア	1,503,011	270.7	461.1	479.9	813.4	1,250.30	1,536.40	41.5
南アフリカ	833,548	272.7	296.8	352.4	492	641.3	713.1	21.2
トルコ	286,572	169,900.40	319,807.80	425,008.50	645,739.10	614,409.10	864,616.40	38.5
ルーマニア	44,925							
先進工業国								
日本	4,726,269	524.3	637.5	699.1	999.3	1,060.20	940.1	12.4
アメリカ	19,425,855	824.6	1,045.40	1,137.40	1,180.60	1,336.30	1,390.90	11.0
イギリス	3,794,310	1,179.20	1,348.70	1,453.00	1,685.30	1,865.60	1,920.80	10.3
ユーロ圏	8,639,721							
ドイツ	1,637,826	56	74.6	79.2	98.2	116.9	139.7	20.1
フランス	2,428,572	81.3	93.2	100.6	124.9	147.1	147.1	12.6
スイス	1,212,508	603.2	714.3	747.1	994.6	1,159.50	1,117.00	13.1
オーストラリア	1,095,858	604.4	655.5	797.9	959.6	1,135.10	1,273.70	16.1

出所：IMF, *Global Financial Stability Report October 2008*（株価指数）、*World Bank, World Development Indicators 2008*（時価総額）、を利用して筆者作成。

表 7-5 株価と GDP

(単位：2000＝100)

	1995	1996	1997	1998	1999	2000	2001	2002	2003	2004	2005	2006	2007
中国													
株価	8.5	12.3	19.4	30.1	50.0	100.0	179.4	296.8	511.2	823.4	1270.4	2657.5	9155.1
GDP	66.1	72.7	79.5	85.7	92.2	100.0	108.3	118.1	130.0	143.1	158.0	176.4	197.5
日本													
株価	89.3	103.8	90.2	76.2	89.6	100.0	77.3	63.3	59.4	72.3	82.1	105.2	107.5
GDP	95.2	97.9	99.4	97.3	97.2	100.0	100.2	100.4	101.9	104.7	106.7	109.2	111.4
アメリカ													
株価	41.9	53.5	69.3	80.4	97.5	100.0	94.9	85.9	83.8	96.1	98.3	106.3	122.7
GDP	81.8	84.8	88.7	92.4	96.5	100.0	100.8	102.4	104.9	108.7	111.9	115.1	117.4
ドイツ													
株価	38.7	44.1	60.4	77.3	80.1	100.0	76.2	57.6	45.5	55.8	64.9	81.4	101.1
GDP	90.5	91.4	93.1	95.0	96.9	100.0	101.2	101.2	101.0	102.2	103.0	106.1	108.7

出所：IMF, International Financial Statistics online のデータ（11月21日）を使って筆者作成。

（3）オフショア市場

オフショア（OFF SHORE）市場の基本的な特徴は、居住者から区別した特典が非居住者に与えられることである。例えば、金利や支払準備に関わる規制が緩和されており、また課税上の優遇措置がとられている。

オフショア市場には次の3タイプがある。

　　内外統一型　　　ロンドン、香港
　　内外分離型　　　ニューヨーク、シンガポール
　　租税回避型（タックス・ヘブン）　　バハマ、ケイマン

新興市場経済では、香港とシンガポールの規模が大きい。両経済とも1970年代前後に創設された。ケイマンに関わる投資商品も日本で販売されるようになった。

4. ヘッジファンド

　ヘッジファンド（HEDGE FUND）は、1997-1998年のアジア通貨危機や1998年のロシア危機における大規模ファンドの（LTCM）の倒産などによって、市場のかく乱要因として注目を浴びてきた。2007-2008年の米欧の金融危機で同ファンドは悪者扱いにされてきた。
　しかし、ヘッジはHEDGEであり、元々リスクを回避するという意味である。本来は個々の投資でリスク回避を行ない、また多くの投資対象に投資することによってリスクを分散させる手段である。ところが、今日ではヘッジファンドはハイリターン追求のために、投機的な性格ももつとみなされている。
　一般に取引されるファンドと違って、ヘッジファンドは私募のファンドである。基本形態として、少人数の限られた機関投資家や富裕層から私募形式で募集を行う[1]。デリバティブ（金融派生商品）も店頭取引（OTC）が多い。2007年で9000くらいあるといわれている。
　対象商品は多様で、株式、債券、外為、商品であり、それらを組み合わせた金融商品が販売される。特に、先述のデリバティブを駆使して利益増大を目指す。
　日本銀行などによれば[2]、その行動パターンとして次が挙げられる。

① 投資戦略の高い自由度
② 絶対リターン追求
③ ファンド運用者（マネージャー）の報酬の業績との連動性

　①については、当局からの規制や監督の基準が緩い。あるいは、報告や監査などの規制が緩い地域、例えばオフショア市場をベースに投資をしている。
　②については、相場が下落しても利益を上げることをさす。具体的には、空売りである。すなわち、第三者から株式や債券を借りて売却して、後で買い戻して貸し手に返却する。2007年にサブプライム問題でアメリカの株価が下落

を続けた中で、証券ナンバーワンのゴールドマン・サックスは、空売りでかなりの利益を上げたといわれる。

新興市場国では一般に株価の上昇などが大きく、ヘッジファンドが積極的に投資をしてきた。しかし、その投資先の内容などはわからない。参考までに、後出の表9-9に、日本の証券会社の債券のファンドの内訳を挙げた。戦後復興のイラクやセルビアなども入っているほどである。

5. 政府系ファンド

表7-6で政府系ファンドの概要を、表7-7で主な融資先を示した。産油国が多いが、シンガポールなど新興国もある。米欧のトップの金融機関に対する重要な資金源となっている。

表7-6 政府系ファンドの概要

国	ファンド名	資産額	資金源
アラブ首長国連邦	Abu Dhabi Investment Authority (ADIA)/ Abu Dhabi Investment Council (ADIC)	2500~8750億USドル	石油
ノルウエー	Government Pension Fund-Global	3080億USドル (2007年3月末日現在)	石油
サウジアラビア	特定の機関名はない	2500億USドル以上	石油
クウエート	Kuwait Investment Authority (KIA) General Reserve Fund (GRF) and Future Generations fund (FGF)	1600~2500億USドル	石油
シンガポール	Government Investment Corporation (GIC)	1000億USドル以上	その他
	Temasek Holdings	1000億USドル以上	その他
中国	State Foreign Exchange Investment Corporation	2000億USドル以上	その他

ロシア	Oil Stabilization Fund	1270億USドル (2007年8月1日現在)	石油
韓国	Korea Investment Corporation	200億ドル	その他
チリ	Economic and Social Stabilization Fund	98.3億USドル (2007年7月31日現在)	
	Pension Reserve Fund	13.7億USドル (2007年7月31日現在)	

出所：IMF, *Global Financial Stability Report October 2007.*

表7-7 政府系ファンドと資本増強金融機関

	被融資機関	評価損	政府系ファンド (Sovereign Wealth Fund)	融資額	その他	直後の株価上昇率 (%)
2007年 11月26日	シティグループ	60億USドル [2007.3]	Abu Dhabi Investment Authority (ADIA)／	75億USドル [4.9%]		-1.2
2007年 12月10日	UBS	180億USドル [2007]	Government Investment Corporation (シンガポール)	97億USドル [10%]	中東の投資家	1.4
2007年 12月19日	モルガン・スタンレー	94億USドル [2007.4]	China Investment Corporation	50億USドル [9.9%]		4.2
2007年 12月21日	メリルリンチ	84億USドル [2007.3]	Temasek Holdings	44億USドル [9.4%]	Davis Selected Advisors, L. P.	1.9
2008年 1月15日	シティグループ	181億USドル [2007.4]	Government Investment Corporation (シンガポール)	68億USドル [3.2%]	sanford weill (元会長) 他	-7.3
			Kuwait Investment Authority (KIA)	30億USドル [1.6%]		
2008年 1月15日	メリルリンチ	141億USドル [2007.4]	Korea Investment Corporation	20億USドル [3.2%]	みずほFG	-5.3
			Kuwait Investment Authority (KIA)	20億USドル [3.2%]		
2008年 2月18日	クレディ・スイス	28.5億USドル	Quatar Investment Authority	5億USドル [1-2%]		3.2

出所：IMF, *Global Financial Stability Report April 2008.*

注
1) 日本では個人を含む一般の投資家も購入できるファンドがでてくるようになった。それは、ファンドオブファンズ（Fund of funds）であり、ヘッジファンドに投資する投資信託である。
2) 日銀。2005年7月の報告書「ヘッジファンドをめぐる最近の動向」

第8章

国際経済・金融政策の枠組み

　本章では、新興市場国・経済に関して政策面からの接近を試みる。新興市場国や途上国に対して国際経済・金融政策をリードした国際通貨基金（IMF）と世界銀行主導の途上国への支援ないし介入の体制を説明する。本書は、マクロ経済は当然扱うが、加えて国際金融に関して多くの類書が民間活動を対象とした国際金融のみであるのに対して、IMF・世銀などの「政策フレームワークへの接近（アプローチ）」方法を示す。

　また、他書がマクロ・金融面に偏っているのに対して、本書では実務上、IMFがマクロ・金融を担当し、世銀がそれと整合性のあるように、セクター（部門）、サブ・セクター（産業）、ミクロ（プロジェクト／企業）の各水準の構造調整／改革を行っているというような全体的な枠組みを提示する。

　本アプローチの意義としては、第1に、国際金融を含むマクロ経済の理解、また多部門を横断的に見る「マクロ的な視野」を得ることが必要である。第2に、民間金融関係者が直面する国際金融市場を真に理解するためには、政府の介入を含む開発金融も考慮した総合的な枠組みを理解する必要がある。公民両方の広義の国際金融を理解することである。

　以下の具体的な説明としては、IMF・世界銀行を中心とした世界の国際経済・金融に関わる政策当事者のアプローチに焦点を当てて解説する。また国際経済・金融政策の全体的なフレームワークのみならず、政策内容まで詳述す

る。

　特に、第2次世界大戦後、アメリカなど先進工業国の支援の下に、途上国や新興市場国の経済政策に大きな影響を与えてきた IMF と世界銀行の途上国に対する経済自由化を中心とする構造改革政策を解説する。そして、政策の実施状況と効果、すなわち実績については、次の第9章で扱う。

　本章におけるもうひとつのポイントは、最近の事件までを分析の対象期間としているが、より重要なことは今日および今後を考えるに当たって過去の歴史を十分に理解することである。IMF・世銀主導で途上国において強制的に実施された経済自由化は、1980年から開始しており、そこからの歴史の流れを十分に理解することが必要である。

　本章の第8章1. から第8章4. にかけては、まず IMF・世銀を中心とした国際経済・金融全体の体制を示し、その後機関毎に業務内容、組織、融資実績を示す。そして、第8章5. において、経済自由化の政策を中心に解説する。最後に、第8章6. で、政策文書への具体的なアクセス法について説明する。

1. ブレトンウッズ体制

　2008年9月からの米欧金融危機に直面して、第2次世界大戦後のブレトンウッズ体制を見直すべきだとの意見が出されている。ここでは、その体制の実施機関である IMF と世界銀行の機構と政策をみていく。主な対象期間は、両機関が支援の条件として実施を求め構造改革が始まった1980年からである。

（1）ブレトンウッズ体制の変遷
1）ブレトンウッズ体制の設立

　今日の新興市場経済を理解するためには、第2次世界大戦後の世界経済・国際金融の枠組みとなったブレトンウッズ体制を理解する必要がある。主な歴史的事件は本書の冒頭の年表に示してあり、ここでは新興市場経済と関係する事

件を論ずる。

まず第 2 次世界大戦後の国際経済秩序がアメリカ、西欧主導で形作られたのが、1944 年のブレトンウッズ協定（Bretton Woods Agreement）である。戦後の復興を実現するために、経済の安定と開発のための融資と指導をする機関として、IMF と世界銀行が樹立された。IMF が国際収支を中心とするマクロ経済の安定、世界銀行が開発を担う体制が確立された。

1948 年に「関税および貿易に関する一般協定」（General Agreement on Tariffs and Trade: GATT）という国際機関が誕生した。そして、それが発展的に引き継がれる形で 1995 年 1 月に世界貿易機関（World Trade Organization: WTO）は業務を開始し、今日ドーハ・ラウンドの交渉が進められているのである。

2) 先進工業国における政策の変化

世界経済に関わる経済政策の面では、ドルと金との固定相場をベースとしたドル本位制が採用されることなったが、1971 年のニクソン大統領のドルと金との固定相場を放棄するとの発表、いわゆるニクソン・ショックによって、日本を含む先進工業国は 1973 年から変動相場制度へ移行した。ここから為替相場制度として、少なくとも先進工業国において変動相場制度が主流となるのである。

そして、1979 年のイギリスのサッチャー政権と 1981 年のアメリカのレーガン政権の樹立によって、経済政策が大きく変わることになる。1930 年代の大恐慌後 1960 年代までケインズ経済学理論に基づいて政府の積極的な財政・金融政策がとられていたが、1970 年代にイギリスを筆頭とする先進国においてそれまでの政府の介入を重視するケインズ主義に基づく経済政策に限界がみられていた。

そして、打開策として、貿易・投資の自由化や公企業の民営化を含む広範な経済自由化が導入されることとなった。すなわち、英米の両政権は、自国で自由化を進めると同時に、日本を含む他の先進工業国にも二国間交渉で推進したが、債務困難で IMF や世銀に救済を求めてきた途上国に対して同様な自由化政策を課したのである。

経済自由化の理論的背景として、新古典派経済学理論の再興があった。市場の機能を重視する新古典派経済理論が再興し、特にフリードマンを中心とするマネタリズムの政策が重用されるようになった[1]。この理論に基づく「新保守主義」の政策が、1980年以降主流となり、国際経済・金融政策に応用されることになるのである。

3）途上国に対する政策の変化

第2次世界大戦後途上国の多くは、政府主導型の経済政策をとっていたが、市場主導の経済自由化政策が採用されることとなった。具体的には、1980年から経済自由化を主眼とする構造調整計画（Structural Adjustment Program: SAP）が、IMFと世銀主導で強制的に進められることとなった。両機関は対外債務返済困難に陥った途上国に対して、救済のための融資の条件、すなわち政策条件（コンディショナリティ）として、経済自由化を主眼とするSAPを課したのである。

融資の「政策条件」としての政策内容については、欧米生まれの新古典派経済理論に根ざしたものとして、当初から今日まで見解の対立があるし、実績として自由化政策の経済や貧困への悪影響が指摘されてきた。

いずれにしても、IMF・世銀の体制はアメリカを中心とするドナー側の支持を得て進められることになる。世銀主導で他の援助国・機関の援助の調整および動員を開始し、これまで日本を含むその他の主要援助国・機関もこの枠組みで援助してきた。

最初に経済自由化を中心とするSAPが大々的に行われたラテン・アメリカとサハラ以南アフリカの両地域にとって、1980年代は「失われた10年」といわれた。

その後、東側ブロックの崩壊により東欧・旧ソ連邦の国々が市場経済へ移行して、SAPを実施してきた。1990年代末にかけて世界中の多くの途上国で実施された。

結局、政策の効果はどうであれ、政策の実施という点で、両機関が構造調整ないし構造改革を定着させたということは重要な点である。かれらの処方箋を多くの途上国が好むと好まざるとにかかわらず受け入れてきたのである。両機

関の介入が、今日の世界経済のグローバル化に大きな貢献をしたことは重要なことである。

(2) ブレトンウッズ機関の概要

国際通貨基金（International Monetary Fund: IMF）と世界銀行（World Bank、以下世銀と呼ぶ）は、両機関を一緒にして、ブレトンウッズ機関（Bretton Woods Institutions: BWIs）とも呼ばれる。

IMFは1947年、IBRDは1946年に業務を開始した。2005年に創立60周年を迎えたことになる。世界銀行は現在では5つの機関のグループを指すが（第8章3.節参照）、当初設立されたのは国際復興開発銀行（International Bank for Reconstruction and Development: IBRD）である。

IMFは世界および途上国のマクロ経済や金融問題を扱う最も権威ある機関である。世界銀行は途上国の開発問題を取り仕切るスーパー国際金融機関である。

上記のブレトンウッズ体制を支えるのは、米国を中心とする先進工業国である。その中でも、日本も参加するG8とG7の役割が大きい。IMFのホームページにこれらのグループの説明がある。2008年11月に開催されたG20もIMFの枠組みで、以前から活動していた。

今日では、アメリカなど主要先進工業国が支援するIMF・世銀は、これらの国々と一緒に世界経済を取り仕切る存在である。IMFと世界銀行が毎年春と秋に合同で開催する春季総会（spring meeting）と年次総会（annual meeting）は、主要7か国財務大臣・中央銀行総裁会議（G7）[2]とセットで開かれる。

同じ週には、上記の2つの総会の期間において、IMFの国際通貨金融委員会（International Monetary and Financial Committee: IMFC）が開催され、世界と各加盟国のマクロ経済や金融に関して、現状分析と今後のアドバイスを行っている。また、IMFと世銀の最高意思決定機関である総務会（後述）が共同で開催されると、合同開発委員会となり、途上国の開発問題に関して両機関の総務にアドバイスを行う[3]。

職員数は、IMF は 3,000 人弱で、世界銀行は 1 万 3,000 人の巨大な国際機関である。IMF はマクロ・エコノミスト中心である。各国の財務省や中央銀行の出身者が多い。冷戦後の旧ソ連圏や東欧の改革推進のために、職員数が増加した。

世銀はマクロ・エコノミストに加えて、教育や道路などのいろいろな分野の専門家やエコノミストを含んでいる。IMF 本部は、ワシントン D. C. の H STREET にあり、世界銀行本部のビルの真向かいにある[4]。

2. 国際通貨基金（IMF）

（1） IMF の業務と組織

IMF の任務の目的は、加盟国の通貨の安定と国際収支を中心とするマクロ経済の安定を図ることである。IMF は「通貨の番人」とも言われ、世界と加盟各国の経済安定のためのサーベイランス（政策監視）と国際収支支援のための融資供与を行う。

融資については、加盟国の出資金を融通しあって各加盟国の国際収支赤字などマクロ経済不安定を回避することである。出資金はクォータ（割当額）と言われ、それに基づいて国際収支や通貨の安定のために引き出せる外貨の額が決められる。

IMF における投票権はクォータにより決まっており、出資金の多いアメリカを筆頭とする先進工業国の比重が大きい。IMF 政策を先進国偏重にしているとの批判があり、その比率の見直しが議論されてきた。2008 年 11 月の G20 金融サミットの提案のひとつでもある。

2006 年 4 月現在では以下のとおり。アメリカで 17.1%、日本 6.1%、ドイツ 6.0%、フランスとイギリスがそれぞれ 5.0% であり、G5 で 39.1%。G10 のうち G5 を除く国々に、スイスが加わって合計で 24.2%。G24 のうち途上国 24.6%、その他が合計で 12.1%（中国 2.9%、ロシア 2.7%。日中を除くアジアは 9%）[5]。

その後、新興国と途上国のシェアが引き上げられ、アメリカ 16.8%、日本

6.0%、中国3.7%となっている（2008年11月現在）。

　IMFは先進工業国に融資することはほとんどないが、政策アドバイスをする任務があり、数年おきに先進工業国にもミッションを派遣して討議を行う。IMF 4条（ARTICLE IV）に関する義務である。アメリカもIMFミッションを受け入れて政策協議を行う。

　IMFの組織については、IMFの最高意思決定機関は総務会（Board of Governors）であり、年次総会を除く期間については、ワシントン本部のIMF理事会（Executive Board）が毎週会合を開く。理事会の意思決定は、採決でなく、コンセンサス方式をとっている。

　IMFの業務上の実質的なトップは専務理事（Managing Director）であり、理事会によって任命され、理事会の議長をつとめる。専務理事は、歴代ヨーロッパから選ばれる。世銀総裁はアメリカ人という不文律がある。

　副専務理事は3人いる。筆頭副専務理事はアメリカ人、2人の副専務理事は日本人と他の地域という構成になっている。筆頭副専務理事については、JPモルガン投資銀行の副チェアマンであったLipskyが任に当たっている。日本は出資金がアメリカに次いで多く、日本人副専務理事がいるのは日本の貢献を反映するものであろう。

（2）融資実績
1）融資手段

　IMFの融資はファシリティ（Facility）と呼ばれ、特別引出権（Special Drawing Rights: SDR）建てである。SDRは融資額の単位であり、IMFの通貨単位とみなすことができる。SDRは、主要先進工業国の通貨の加重平均で変動する。2008年10月末日現在の交換比率は、「1SDR=1.49ドル」である。

　IMFの融資は、借入国に対する、他のIMF加盟国から得た準備資産（reserve assets）（外貨やSDR）を財源としている。借入国は、自国通貨を使って準備資産を「購入」（purchase）することによって融資を受ける。この準備資産は、加盟各国のクォータ（割当額）からなっている。借入国の返済は、外貨準備資産（外貨やSDR）でIMFから自国通貨を「再購入」

(repurchase) することによって行われる。

一方、低所得国向けの融資 (貧困削減・成長ファシリティ (PRGF) など) は、加盟国の一部の拠出による信託基金 (トラスト・ファンド) から融通される。

ファシリティ (融資) は、借込国の経済・金融政策の遵守をみながら、何回かに分けて行われる。トランシェ (tranché) と呼ばれる。融資の条件となる政策を、政策条件 (コンディショナリティ、conditionality) と呼ぶ。

IMFの融資手段を表8-1に示した。融資は大きく分けて、非譲許融資と譲許融資である。前者として、IMFは1~2年の短期を対象とするスタンドバイ信用を1952年から供与していたが、1974年により長期の融資手段たる拡大信用供与ファシリティ (Extended Fund Facility: EFF) が導入された。これらは通常ファシリティ (regular facility) と呼ばれる。所得水準が高い国である新興市場国が主な対象である。市場金利が適用される。

また、特別融資制度として、補完的準備ファシリティ (Supplemental Reserve Facility: SRF) と補償的融資ファシリティ (Compensatory Financing Facility: CFF) がある。さらに、緊急支援のために、1995年に紛争国復興融資 (Post-Conflict Emergency Assistance) が導入された。イラクにも2004年に供与され

表8-1　IMFの主な融資手段

融資制度	設立	目的	利用形態	利用条件
スタンドバイ信用 Stand-by Arrangement	1952	短期の国際収支危機に対処	期間1年間で原則四半期毎の引出し	返済5年まで
拡大信用ファシリティ Extended Fund Facility (EFF)	1974	国際収支危機に加えて構造的な問題に対処	期間3年間で原則半年・四半期毎の引出し	返済10年まで
短期流動性ファシリティ Short-term Liquidity Facility	2008	一時的に流動性悪化したことに対処	期間3か月。12か月で最大3回の引出し	
貧困削減・成長ファシリティ Poverty Liquidity and Growth Facility (PRGF)	1999	低所得国向けの譲許的融資	期間3年間で原則半年毎の引出し	年利0.5%、返済10年まで

出所：IMF, *Annual Report 2006*, IMF本部および東京事務所ホームページ (2008年12月8日)、を利用して筆者作成。

た。

譲許融資については、低所得国の構造調整に関して、当該国の構造調整には長期を要し、金利負担に耐えられないとの判断から、構造調整ファシリティ (Structural Adjustment Facility: SAF) が1986年に、拡大構造調整ファシリティ (Enhanced Structural Adjustment Facility: ESAF) が1987年に創設された。これらは、先進工業国を中心とした機関からの拠出による低所得国向けの特別のファンドである。

その後、ESAFは、1999年に貧困削減・成長ファシリティ (Poverty Reduction and Growth Facility: PRGF) に代替された[6]。

2) 融資実績

まず所得水準が高い国が被融資国であるスタンドバイ信用の取極件数が多い。1999年に導入された貧困削減・成長ファシリティ (PRGF) の前身のSAFの件数は1987年と1988年に多く、1987年導入のESAFと1999年に代替したPRGFは10件程度である。

金額的には、より多額の融資を供与するスタンドバイ信用が中心である。特に、アジア通貨危機のあった1998年と、その後のブラジル、アルゼンチン、トルコにおいて金融不安があった2002-2003年に、多額の融資が行われている。

1994年12月からの通貨危機に対応してIMFがメキシコに対してそれまでで最高額となる融資を行っていたが、ブラジルがその後1999年と2002年に経済危機に陥った。

また、東アジア（世銀の地域分類で東南アジアと南アジアを含む）においても、1980年代のインドネシアはIMF・世銀の指導による計画を実施したことがあり、フィリピンは1980年代初頭からIMFのスタンドバイ信用と拡大信用供与ファシリティ (EFF) を受けてきている。

1997-1998年のアジア通貨危機においては、震源地のタイに加えて、1997年11月にはインドネシアが、12月には韓国がIMFのスタンドバイ信用を受けて、構造調整を実施することになった。

ところが、2004年以降になると、融資の件数、金額ともにかなりの減少が

生じている。これは、IMFなどの支援の成果として金融不安が減少したことであって喜ばしいことである。しかし、米欧金融危機前までは、旧ソ連圏・東欧諸国の市場経済化などでの職員増加もあって肥大化したIMFの存在価値が問われることになっていた。

新興市場国に対する最新の融資の実績は表1-4に示した。米欧金融危機の影響を受けたアイスランド、ハンガリー、ウクライナが融資を受けている。

3. 世界銀行

(1) 世界銀行の業務と組織

世界銀行は5つの機関のグループからなる。すなわち、世界銀行グループは、国際復興開発銀行（International Bank for Reconstruction and Development: IBRD）と国際開発協会（IDA）の他に、国際金融公社（International Finance Corporation: IFC）、多数国間投資保証機関（Multilateral Investment Guarantee Agency: MIGA）、投資紛争解決国際センター（International Center for Settlement of Investment Disputes: ICSID）を指す。IBRDとIDAが加盟国の公的機関に融資するのに対して、IFCは民間部門への融資を行う。

世銀における投票権もIMFと同様に、出資金により決まっている。2006年4月現在では以下のようであった。アメリカで16.84%、日本8.07%、ドイツ4.60%、フランスとイギリスがそれぞれ4.41%である。

グループの中心は、国際復興開発銀行（IBRD）であり、開発事業に対し比較的高い利率の長期融資を行う。IBRDとIFCは、新興市場国にとって重要である[7]。

また、分析・助言サービスなどの非融資業務を提供し、構造改革ないし構造調整に関わる多くの政策アドバイスを行ってきた。IMF融資と同様に政策条件（コンディショナリティ）がつく。

世銀の融資の対象は、途上国などで実施される開発のための事業（プロジェクト）やプログラムである。IMFがマクロ経済安定のために国際収支支援を

行うのに対して、世銀の融資先はセクター、サブ・セクター（小部門や産業）、そしてプロジェクト（個別事業）である。ただし、本書の対象である構造調整融資などマクロ支援の融資もある。今日では、被融資国のほとんどが途上国である。

　財政や金融を含むマクロ面でのエコノミストだけが所属するIMFと違って、世界銀行はセクターやプロジェクトを推進する多くの専門職員と専門家を抱えている。技術に精通した専門家に加えて、セクター水準以下のエコノミストもいるが、IMFエコノミストに匹敵するカントリー・エコノミストが全体的な業務の推進や調整を行う。

　1980年に構造調整融資を導入するに際して、それまでのプロジェクト主体の融資が失敗に終わったとの反省から、まず国全体を捉えるカントリー・アプローチを採用することにした。そして、1987年にそうしたアプローチの変化に対応して、機構改革を行った。それまでは、セクター主体の機構であったが、これが国主体の機構になった。

　既に述べたように、世銀の総裁はアメリカ人と決まっている。ロバート・B・ゼーリック氏が2007年7月1日付で第11代世銀総裁に就任し、5年間の任期を務めることになった。ゼーリックの前職はゴールドマン・サックス（インターナショナル）証券の副会長であり、2005-2006年にはアメリカ国務省副長官を務めた。

（2）融資実績
　1）融資手段
　世銀の『年次報告』によれば、1945年に設立されたIBRDは、中所得国および返済能力のある低所得国に融資、保証、および分析・助言サービスなどの非融資業務を提供し、持続可能な開発を推進することで、これらの国の貧困を削減することを目指している。

　その融資の原資は、資本市場からの借入、加盟国からの出資金、留保利益、IBRD貸付金の回収で賄われ、そのうち資本市場での借入が最大の資金源となっている。資本市場において低利で資金を調達し、借入国に緩やかな条件で

融資を提供する。その平均償還期間は 15～20 年（うち据置期間 5 年）で、金利は IBRD 自身の借入れコストに応じて半年ごとに変動している[8]。

IDA は、途上国のなかでも特に貧しい国々を支援するため、1960 年に設立された。無利子で、償還期間も 35～40 年（うち据置期間 10 年）という極めて緩やかな条件で行われている。

具体的な融資手段としては、投融資（investment loan）と、構造調整支援の調整融資（adjustment loan: AL）に大別できた。前者が 5～10 年、後者が 3 年を対象としていた。AL は 2004 年に開発政策融資（Development Policy Lending: DPL）に代替された（以下の 2) 参照）。

世銀の年次報告書は和訳版も毎年発行されるが、IBRD の貸付に「融資（loan）」を使い、IDA の貸付に「貸付（credit）」を使う。

世界銀行の構造調整支援の融資については、世銀は 1980 年から構造調整計画を開始しており、融資とそれに対応する計画を下に示した。

調整融資（Adjustment Lending: AL）
①構造調整融資（Structural Adjustment Lending: SAL）[9]
　　　——（全体）構造調整計画（Structural Adjustment Program: SAP）
②部門調整融資（Sector Adjustment Lending: SECAL）
　　　——部門（構造）調整計画（Sector Adjustment Program）

構造調整融資は経済全体を対象としているのに対して、部門調整融資（SECAL）は特定部門に対する融資である。以下の分析では、調整融資という用語は使わず、特記しない限り SAL と SECAL、SAL と SAC を区別しない。

上記融資の対象期間は 3 年であり、個別のプロジェクトに対する融資と異なって以下の特徴がある。

① 被援助側の輸入のための外貨補給という性格をもつ
② 債務危機を回避するために供与が迅速、すなわち「足の早い」(quick

disbursing）融資である

③　かならず構造調整計画履行という政策条件がつく。

SALもSECALも道路建設や肥料供与といった特定のプロジェクトに対する融資と異なって、基本的に民間部門への外貨補給となるノン・プロジェクト型の融資である。

ただし、開発金融機関である世銀は、国際収支支援の上記融資とその計画と連携させて、開発プロジェクトの供与も行なっており、1980年代において調整融資は全融資の3割までと決められている[10]。

2）融資実績

全般的な融資実績について、1980-2000年の期間において、件数では投融資が2千件以上であるのに対して、調整融資は300件以下である。しかし、1980年代に比べて、1990年代において調整融資の数が増えている。金額でみると、絶対額では投融資が多いが、1990年代においては調整融資の比重が高まっている。

その後については、2004-2006年に関して、IBRD融資総額（コミットメント・ベース）が110億ドルから140億ドルに増加しているが、そのうち調整融資（AL）の後継として2004年に導入された開発政策融資（Development Policy Lending: DPL）は45億～50億ドルに増加している[11]。

開発政策融資は、従来の構造調整政策のレビューを踏まえて、2004年にSALなど調整融資（AL）に代わって導入された[12]。

その主な特徴として、被融資国側のオーナーシップ（所有）を重視している。しかし、政策内容としては、民間重視は経済成長にとって最も重要な要素であることを強調しており、それまでの経済自由化がベースであると考えられる。また、民間セクターの活動の範囲を広げ、法治向上と司法権の保障が重要事項として挙げられている。

そして、重要な視点として、経済的歪みの除去より、中間の構造面、機構（institutional）を重視している。そのために、長期間かけたステップ毎のアプローチを提案している。

4. 世界貿易機関（WTO）

　新興市場国における経済自由化など政策を理解する場合、国際機関を介する多国間の取り決めと、IMFによる各国別の貿易自由化の両方をみる必要がある。そこで、両者の関連を論じる必要がある。すなわち、世界規模で貿易や投資の自由化を進めてきたGATTと世界貿易機関（WTO）の会合の進捗と、IMF主導で途上地域において各国ベースで急激に進められる貿易自由化の進捗を把握する必要がある
　IMFと世界銀行は、1944年のブレトンウッズ協定によって設立された。貿易については、1948年に「関税および貿易に関する一般協定」（General Agreement on Tariffs and Trade: GATT）がジュネーブに設立された。その後、GATTは東京ラウンド、ウルグアイ・ラウンドなどの関税一括交渉を行い、1995年の世界貿易機関（World Trade Organization: WTO）設立となった。2001年からドーバ・ラウンドが始まり、2009年1月末でも合意に至っていない。
　WTOはGATTより広い分野をカバーしている。財の貿易のみならず、サービス貿易、知的所有権、貿易関連投資措置などへの分野拡大、その他の付随サービスを対象としていることである。また、貿易を巡る国際的訴訟の申し立てを受け入れ、審判を下す。
　一方、WTOに加盟するために対外的な取引制度や国内経済構造の改革が求められているが、その内容はIMF・世銀が個々の途上国に課してきた広範な自由化や民営化と同じである。中国はIMFなどの経済全般にわたる政策条件を受けてこなかったが、2001年加盟後に同じ構造改革を遵守することが求められたのである。例えば、その実施により、2002年から日本企業の中国国内の市場向けの投資が急増した。
　今日の国際経済体制は、「IMFは金融、世銀は開発、そしてWTOは貿易」という役割分担、トロイカ体制である。
　政策の進捗は、第9章参照。

5. 構造改革の内容

本節では、まず政策枠組みを説明して、次に政策内容を提示する。

(1) 計画・政策の枠組み
1) はじめに

以下のまとめとなるが、構造改革の計画や政策の枠組みは、それまでのプロジェクト・アプローチの失敗にかんがみて、カントリー・アプローチないしマクロ・アプローチがとられるということである。また、債務危機に陥った国は、IMFと経済安定化、債務返済のリスケジューリング、世銀と狭義の構造調整計画を妥結して、その後に日本その他の支援が来るという国際的な支援枠組みが構築されている。

こうした枠組みの中で、各国ベースで構造改革が実施され、厳密なカントリー・アプローチの下に、重要な政策課題、そして優先的な部門やプロジェクト（事業）が決められるのである。

2) 背景―経済自由化の強制―

今日の新興市場国・経済に至る歴史を振り返ると、世界の途上国において経済自由化が始まったのは1980年である。同年、世界銀行が、国際収支赤字に陥った国に対して、新しい融資手段として、構造調整支援の融資を最初に供与したのである。被融資国は、本書の対象となるトルコ、フィリピンの新興市場国、そしてケニア、ボリビアなど低所得国である。そして、第2次世界大戦後から一貫して国際収支支援を使命としていた国際通貨基金（IMF）の融資も並行して供与されることとなった。

融資という支援の条件となるのが、経済自由化を中心としつつ経済全体の構造改革を図る構造調整計画（Structural Adjustment Program: SAP）である。SAPは、IMFと世銀主導で進められることとなった。

地域的にみると、ラテン・アメリカとサハラ以南アフリカの両地域において、広範な経済自由化が行われた。被融資国は、自国の政策への介入に反発を

感じながらも、対外債務支払困難と深刻な外貨不足に直面して、融資や援助の条件となっている構造調整計画を甘受してきた。

その後、1989年のベルリンの壁崩壊以降は、経済体制上のイデオロギーの対立が無くなり、経済自由化が急速に旧社会主義諸国でも進められることとなった。1991年12月のソ連崩壊後は、ウクライナや中央アジア諸国などすべての共和国を巻き込むことになった。90年代末にかけて世界中の多くの途上国で実施されるのである。

SAP導入の背景として、これらの域内の国々における1970年代末から1980年代初頭にかけての経済危機が挙げられる。1973年の第1次石油危機後の資源ブームの間、多くの国々は海外からの借り入れによるインフラ投資などを大規模に行なった。また、先進工業国が石油ショックのお陰で不況に陥っており、行き場を失った国際資本が大量に供給された[13]。

ところが、1970年代末から途上国の国際環境は大幅に悪化する。すなわち、1979年の第2次石油危機後に世界経済が不況に陥り、途上国の輸出が停滞することとなった。加えて、アメリカを中心とする国際市場の高金利[14]と、1980年代前半の対途上国ODAの停滞と民間資本の流出が起こり、多くの国々が対外債務返済不能と深刻な経済不況に直面することとなった。

一方、構造調整計画の理論的背景として、新古典派経済学理論の再興があった。1970年代に先進国においてそれまでの政府の介入を重視するケインズ主義に基づく経済政策に限界がみられていた。すなわち、経済不況とインフレの共存（スタグレーション）、財政赤字の増大が生じて、市場に対する政府の介入を正当化するケインズ政策の有効性が大きく揺らいだのである。

これに対して、市場の機能を重視する新古典派経済理論が再興し、特にフリードマンを中心とするマネタリズムの政策が重用されるようになった。この理論に基づく「新保守主義」の政策は、1980年前後に誕生したイギリスのサッチャー政権とアメリカのレーガン政権とによって採用されることとなった。両政権は自国で自由化を進めると同時に、債務困難でIMFや世銀に救済を求めてきた途上国に対して、同様な自由化政策を課したのである。

3) 1980年からの開発・援助の体制変革

構造調整計画を巡っては、上記で述べたように、融資の条件として実施される自由化政策などの内容や進め方について厳しい対立がある。それゆえに、経済自由化を中心とする構造調整計画（SAP）全体を否定する見方がとられることが多い。しかし、まず留意すべきは、構造調整計画の導入によって自由化という政策内容のみならず大きな政策枠組みの転換があった、ということである。

以下に、表8-2を使って、構造調整導入以前の開発・援助政策とその後の政策を比較する。全体の政策転換として、①「プロジェクト（ミクロ）接近 → カントリー（マクロ）接近」、②「ばらまき援助（ないし援助の無調整）→ 援助調整」、③「政府主導（輸入代替工業化）→ 民間主導」という3つがある。これらは、1970年代までの政府主導のプロジェクト重視の開発と援助が十分な成果を上げなかったという世銀の反省から出てきたものである。これが、まず認識すべき、構造調整計画導入の意義である。

それぞれ説明すると、①は、経済全体の改善なくして、特定の部門や事業（プロジェクト）の成功はありえないというものである。例えば、国際収支赤字が進み、外貨準備が払底している状況で、大規模な投資やメンテナンスの費用がかかる大きなプロジェクトの妥当性は低いだろう。高額のトラクターを農村に導入することは適切でないと考えられる。マクロ、セクター、プロジェク

表8-2 開発・援助体制の革新

	1970年代まで	1980 世銀 SAL		1996 DAC新開発戦略	2000 UNMDGs	2000年以降
開発への接近	プロジェクト・アプローチ		カントリー・アプローチ			カントリー・アプローチ
援助への接近	ばらまき援助		援助協調（CG導入）			援助協調（プール予算・財政支援）
開発政策	政府主導		民間主導			民間主導 貧困削減

出所：筆者作成。

ト（ミクロ）が整合的であるように、政策が立案され、実施されるべきである。カントリー・アプローチについては、5）でさらに説明する。

②は、世銀主催の援助協議グループ（Consultative Group: CG）ないし支援国会合が毎年パリで会議を開き、当該国に対する援助の調整や動員を行うことを指す。それまでの融資・援助プロジェクトが、真に途上国に役立つものでなく、経済性にも劣り、重複もあって債務の累積を引き起こした原因となったという反省に立ったものである。

そして、③で初めて、意見の対立の大きい市場志向の政策が出てくるのである。既に述べたが、ケインズ政策の非有効性という理論的背景をベースに、新古典派ないし新保守主義が台頭して、アメリカなどの影響力が大きいIMFと世銀（ブレトンウッズ機関）がその実施機関として途上国にこの政策を進めることになった。

重要な点は、途上国における急速な市場自由化の是非に関してかならずしもコンセンサスが得られていないが、①と②の枠組みは評価されてよいであろう。また、IMFによるマクロ経済安定は①に含まれるものであり、弱者への悪影響などの批判もあるが、国際収支や財政の赤字に対する緊縮政策は先進国でも採用される政策である。

4）構造調整計画の国際的支援枠組み

構造調整計画への国際的支援政策は債務救済と援助からなる。債務の救済、具体的には支払いの軽減などで一時的に猶予を与えておいて、当該国がSAP政策を実施することに対して、それらを支援する援助が行われる。援助は、IMFや世銀などの融資と、その他開発金融機関や二国間ドナーの融資や技術協力などを含む。途上国側は援助が欲しいから、SAPを受入れる。

IMFの融資を含めて、構造調整計画の流れは以下のとおりである。すなわち、ある途上国が対外債務危機に陥ると、まずその国とIMFとの間で経済安定化計画の合意が行われる。次に、それに基づいて債務削減交渉を行うパリ・クラブあるいはロンドン・クラブの会議が開かれる。

そして、世銀との間で構造調整（狭義）計画について合意がなされ、経済安定化計画と構造調整（狭義）計画が同時に実施される。また、それと並行し

て、IMFと世銀が構造調整支援の融資を行うが、他の援助国・機関の援助についても、世銀が中心となって調整および動員を行う。この通称、援助協議グループ（CG）の公式の会議は世銀議長の下に通常パリで開催され、被援助国側と援助国・機関側で今後の援助についての協議が行われる。CGのセクター別の会合は当該国内で実施される。国によっては、20ものセクターCG会合がある。

このように、構造調整計画に対する国際的支援政策は、対外債務返済の負担の軽減と融資や援助のセットである。重要なことは、構造調整は債務返済のシステムであり、IMFの要求する厳しい政策条件を実施しないと、世銀、日本を含む援助国・機関から支援を得られないということである。しかし、実際のところ、政策条件は国内政策への介入となるので、多くの国がIMFの条件を巡る交渉で決裂したことがある。

最後に、途上国全体の債務問題の解決といった、もっとグローバルな枠組みで、政策の具体化プロセスをみると、「サミット（主要国首脳会議）→ G7（先進7か国財務大臣・中央銀行総裁会議）→ IMF暫定委員会（1999年以降は国際通貨金融委員会）と世界銀行との合同開発委員会」となる。実際は、サミットに向けて開催されるG7・G8で懸案事項について合意が図られて、サミットで公式発表される。IMF・世銀はG7などと連携して、具体策を決めて実施するのである。

5）カントリー（国別）アプローチ

3）で説明したカントリー・アプローチとは、IMF・世界銀行主導の構造調整計画の骨格をなす。すなわち、一国レベルでマクロ、セクター、サブ・セクター（小部門、産業）、ミクロ（プロジェクト・企業）のすべての水準が整合化された計画策定を行うことである。

その関係を示すと表8-3のようになる。最初に全体的に説明すると、マクロ水準をみて経済全体の課題を押さえて、次にセクター（部門）の課題を抽出する。具体的には、部門間の優先順位をつける。そして、各セクター内の小部門（サブ・セクター）の課題を求めて、最後にミクロ水準で、個別開発事業（プロジェクト）の選定基準も明確化されるのである。つまり、各プロジェク

表8-3 カントリー・アプローチ（重点部門・事業の絞込み）

水準	対象	水準内でのアプローチ
マクロ	マクロ経済指標 全部門	マクロ経済目標間の優先順位付け、部門間で優先順位付け
セクター	各部門 （農業、工業、運輸業など）	各部門内の目標間の優先順位付け、各部門内の小部門・産業間優先順位付け
サブ・セクター	各小部門（小農、道路など）、各産業（電力、ガスなど）	サブ・セクター内の目標間の優先順位付け、各小部門・産業内の企業を含む事業間優先順位付け
プロジェクト／ミクロ	個別開発事業、 企業（公企業など）	1開発事業が複数の事業を含むプログラムの場合、事業間の優先順位付け

出所：筆者作成。

トが上位のマクロ、セクター、サブ・セクターの水準から絞り込まれるのである。3）で述べたように、従来はプロジェクトが上位の水準と十分に整合性があるように立案されなかったのである。

　具体的に各水準の内容を中心に解説すると、マクロ水準はGDP、国際収支、インフレなど集計化されたマクロ経済指標を扱って経済全体の問題点や課題を明らかにする。同時に、この水準では、経済全体のセクターを鳥瞰して、セクター間の優先順位を明らかにする。いわゆる、インター・セクトラルな見地からセクターを絞るのである。

　次に、セクター水準は、部門に対応する。大分類では第1次、第2次、第3次の産業で、農業、工業、サービス業に対応する（中分類では10分類程度）。この水準では、各セクター内の問題点や課題を明らかにすると同時に、各セクター内のサブ・セクターを鳥瞰して、サブ・セクター間の優先順位を明らかにする。いわゆる、インター・サブ・セクトラルな見地からサブ・セクターをみるのである。

　例としては、農業セクターであれば、食糧作物と若干の換金作物を作る（自給自足）小農部門と、企業形態で輸出・換金作物に特化したプランテーション部門の2つに分けられる。工業には製造業、電力・ガス・水道の公益事業、建設業が含まれる。サービス業には流通、金融に加えて、運輸、政府の公共サー

ビスが対応する。

製造業は多くのサブ・セクターに分かれるが、SAP 下では政府主導の関与は撤廃の方向で進められた。

サービス業の例として、運輸業を挙げると、道路、鉄道、海運・港湾、航空・空港といったサブ（小）部門のどれを重視するかということが重要となる。

サブ・セクター水準では、各サブ・セクター内の問題点や課題を明らかにすると同時に、各サブ・セクター内の開発事業（プロジェクト）を鳥瞰して、事業間の優先順位を明らかにする。この水準は、上のマクロ、セクターに対応して、またミクロ水準全体をサーベイして、個別プロジェクトのみならず公企業の優先順位を決めることになる。

別の見方をとると、経済全体は上記の部門の縦割りでみるだけでなく、さまざまな市場で構成されている点に着目する。経済自由化を主眼とする SAP においては、市場間で優先順位をつけるということになる。

具体的には、貿易財、国内財、サービスの順に最終生産物の市場自由化が行われ、つづいて金融市場と生産要素市場も対象となる。すべての市場を速やかに自由化することが SAP の基本設計である。

実際の実施においては、途上国政府の公共投資計画策定とプロジェクトの絞り込みに、IMF や世銀の承認を要することとなった。

なお、1987 年、世銀はカントリー・アプローチに対応させた大規模な機構改革を行った。新しい機構では、「新設された国別の部局が従来『プログラム』と『プロジェクト』に分割されていた機能を兼務」[15]することとなった。例えば、アジア地域局の中に、国グループ別の課と、セクター別の課が配置されるようになったのである。

結局、重要なことは、改革がどの程度進捗しているかによるが、どの部門、サブ・セクター、そしてプロジェクト（事業）が重要かということを見極めることである。

（2）政策内容
1）はじめに

　経済自由化を中心とする構造調整ないし構造調整に関わる計画、政策は、1980年の世銀の構造調整支援の融資から始まった。同銀の分析によれば、1970年代末から1980年代初めの途上国の経済危機の原因として、各国が採用してきた社会主義志向の内向きの輸入代替工業化を中心とする開発政策を挙げた。初期条件、例えば植民地時代から引き継いだ経済の二重構造と低レベルのインフラなどではなく、また国際経済環境の悪化（主要輸出品の国際価格低下やODA削減）は与えられたものとして、抜本的な構造改革が主張されたのである。

　したがって、輸入保護による国内産業育成でなく、アジアNIEs諸国で成功した輸出志向戦略に切り替えて、貿易、投資、金融面の国際的な対外開放と国内市場の自由化が中心となったのである。

2）計画の構成

　構造調整計画全体は、経済安定化、構造調整（狭義）、国際的支援の3つの政策グループからなると考えられる。始めの2つが被融資国政府実施の政策であり、国際的支援はIMFや世銀などドナーが実施する政策である。国際的支援については、上述のように、債務救済と援助ないし融資に分かれる。

　追加的に、1980年代に自由化やその他改革による絶対貧困層などへの悪影響に対する批判が高まり、社会的影響軽減が導入された。

　以下では、IMF主導の経済安定化と世銀主導の狭義の構造調整について、政策内容をみていく。広義の構造調整ないし構造改革は、IMFの経済安定化を含むと考えられる。したがって、構造調整計画は、経済安定化と「狭義」の構造調整（世銀主導）を指すものとする。

　世銀などの評価報告書によれば、経済安定化と構造調整（狭義）の政策内容の評価ないし分析を行う際に、まず構造調整計画の設計（デザイン）を明らかにする。設計は、政策目標、政策手段、実施計画の3つに分けられよう。以下、順番に説明していく。

3) 政策目標

　構造改革ないし構造調整に関わる計画や政策は、広範な分野を対象としており、またIMFと世界銀行の両機関が関わっているので、本当の中心目標が何なのかよくわからない。両機関合わせて何が政策目標なのか十分に明らかでない。

　そこで、両方の機関の評価報告書を含む文献を、一般の政策論に依拠して分析する。多くの経済学者が同意する共通の政策目標として、短期はインフレの抑制、失業削減、国際収支改善であり、長期は資源配分の効率化、持続的成長、所得分配の公正化が挙げられる。

　新興国の場合、国際収支については、赤字削減ないし均衡が具体的な目標である。多くの新興国の国際経常収支は赤字であるが、中国など東アジアの国の場合は、黒字の削減が要請される。

　もちろん、短期の目標に挙がっているものも構造的な問題により生じていることがあり、長期の目標に入るものもある。しかし、その場合短期の目標は長期の目標の小（サブ）目標として長期の目標に含まれているとみなすことができる。例えば、景気循環による失業の問題は短期の課題であるが、増大する若年層の雇用ということになると、長期の目標である持続的成長や所得分配と関わってくる。あるいは、財政赤字削減を重要な目標とみる意見もあるが、これもインフレ抑制や国際収支改善のサブ目標ないし政策手段と考えられよう。

　短期の目標をまとめると、マクロ経済の安定に対応しており、IMFの所管事項である。その際に、政策目標の間にトレードオフ（二律背反）の関係があることに留意する必要がある。例えば、インフレ抑制と国際収支赤字抑制のためには、人為的に一時的な総需要抑制政策ないし不況政策が採用されるが、それは失業問題を深刻にさせる。

　短期的な経済成長率の安定確保の代替目標として挙げられる失業削減を満たすには、景気刺激策ないし好況政策を採用すればよいが、国際収支赤字を惹起し、インフレを増長する可能性がある。

　次に、長期の目標のうち、資源配分の効率化と持続的成長の違いは、以下のように分析できる。まず経済成長率は、投資効率と投資率に分解できる[16]。

経済停滞で利用できる資源・資金が限られている場合、投資率の上昇による経済成長率増加は難しく、経済自由化による投資効率の上昇が必要となってくるのである。すなわち、資源配分の効率化を図ることにより、投資効率の上昇が可能とみるのである。経済自由化導入前までは、政府が資源配分を効率化できるとして政府の介入が正当化された。しかし、「政府の失敗」による財政赤字や経済の効率減少により、市場にゆだねる新古典派の立場が勢力を増すにいたったのである。

もっとも、資源配分の効率化と持続的成長を二者択一でのみ捕らえるべきでない。すなわち、経済が十分に回復するまで、すなわち持続的成長軌道に乗るための移行計画であるから、構造調整後の主要な政策目標は持続的成長であると考えられる。持続的成長の実現のためには持続的な投資が必要であり、投資率の上昇が経済成長率に寄与することが期待される。

上記分析と関連文献のサーベイの結果、短期（1~2年）の経済安定化の主な目標は国際収支改善とインフレ抑制であり、中期（3年）の構造調整の目標は資源配分の効率化であると考えられる。前者をIMFが、後者を世銀が担当する。

他方、既に述べたように、構造調整計画の実施が長期にわたっている国が多く、構造調整が橋渡しすべき目標である持続的成長も重要である。特に、IMF・世銀や他ドナーの融資に続いて、民間の投融資が流入して、「持続的」成長軌道に乗ることが期待される。

最後に強調したいことは、構造調整計画は対外債務返済能力を回復ないし構築することが基本的な目標であるということである。すなわち、債務不履行の危機にいたったので、IMF・世銀の政策を受け入れざるを得ないのである。

4）政策手段

① 文献サーベイ

IMFや世銀の文書では政策手段が説明されているが、比較的に構造調整政策が羅列的に呈示されている。上記政策目標と対応させた形でのひとつの政策体系として明示的に示された文書はほとんどない。そこで、いくつかの関連文献を以下にサーベイしてみた。

まず、1989年に米国国際経済研究所（Institute for International Economics）が、10か国のラテン・アメリカの国々の識者を集めて同地域のおけるIMFと世界銀行主導の政策改革に関して会議を開催した。同研究所所属のウィリアムソン（John Williamson）がバックグラウンド・ペーパーを作成し、その中で10の政策改革を挙げて、ワシントン・コンセンサスと名づけた。

それを一覧表にした表8-4によれば、最初にマクロ経済政策が挙げられており、次に市場自由化、最後に公企業の民営化が中心となっている。

次に、トイ（Toye）(1991) の構造調整政策の分類図によれば[17]、構造調整政策はIMF主導の経済安定化政策と世銀主導の狭義の構造調整政策に明確に分かれている。自由化はすべての市場を対象としていることがわかる。すなわち、最終生産物（財、サービス）から生産要素まで含まれる。

興味深いのは、分類図の最終行の民間部門振興の分類である。すなわち、①株式の販売譲渡（divesture）、②清算（closure）、③アウトソーシング（外注）、そして④民間企業の参入[18]。

ウィリアムソンの政策に対応しているが、民営化は「民間部門振興」の4つの手段のうちのひとつである。すなわち、Divestureが民営化である。

そして、世銀は2005年刊行のガイドで調整融資について説明している。まず「調整融資は貿易政策や農業の改革を含め、マクロ経済政策改革に対する支援提供を意図していた。しかし、時の流れに伴って、構造的な問題、金

表8-4　ワシントン・コンセンサスの政策内容

財政規律　Fiscal discipline
公共支出の優先順位　Reordering public expenditure priorities
税制改革　Tax reform
金利自由化　Liberalization of interest rates
競争的為替レート　A competitive exchange rate
貿易自由化　Trade liberalization
外国直接投資の自由化　Liberalization of inward foreign direct investment
民営化　Privatization
規制緩和　Deregulation
所有権　Property rights

出所：Williamson, J. (2003).

融部門、社会政策改革、公共部門資源管理の改善をより重視するように変化してきている」[19]

そして、融資「目的」として挙げられているものを表8-5に示した。「目的」とはいえ、融資の条件としてのコンディショナリティであり、政策手段であると考えられる。内容についてもみると、ウィリアムソンの政策改革と同じように羅列的な記載であるが、①、②、④が市場に対する政府の規制を緩和することである。また、③、⑤、⑥が公的部門の改革に対応する。

⑦は調整の悪影響に対する対症療法である。80年代の中頃から後半にかけて導入されたものである[20]。

表8-6に政策条件（コンディショナリティ）の改善を示したが、それはそれまでの実績のレビューによるものである。

表8-5　世銀主導の構造改革

①競争的な市場構造の促進（法律・規制の改革）
②インセンティブ体系にかかわる歪みの是正（税制・貿易の改革）
③親切なモニタリング・保護制度の整備（金融部門）
④民間部門投資の誘発につながる環境の整備（司法改革や近代的な投資コードの採択）
⑤民間部門活動の奨励（民営化や官民パートナーシップ）
⑥良い統治の促進（官僚制度改革）
⑦調整に伴う短期的な悪影響の軽減（社会保護基金の創設）

出所：世界銀行（2005）『世界銀行ガイド』

表8-6　政策条件（コンディショナリティ）の改善

オーナーシップ（ownership）　オーナーシップを強化
調和（harmonization）　政府とその他支援機関との調和的な説明責任のフレームワークで合意
国別事情の考慮（customization）　説明責任のフレームワークと世銀支援の方策を当該国の状況に合わせる。
政策の重点化（Criticality）　結果の出る政策条件のみを、融資の条件として選ぶ。
透明性と予測可能性（transparency and predictability）　透明性のある進捗レビューを行う。それは、予測可能な、実績が伴う金融支援に資するものである。

出所：World Bank (2005), *Review of World Bank Conditionality*, p.39.

重要なことは、これらの政策条件の多くは構造調整計画導入の1980年代初期からあったということである。

② 政策体系

そこで、以上の文献サーベイの結果、また一般の経済政策論およびIMF・世銀の報告書にある同計画の政策なども参照して、まずマクロ経済安定のターゲットを表8-7に示した。対外債務については、表2-2に準拠している。インフレ率については、イギリスの2%の目標などを参照している。経済安定化の政策運営が格段に向上した中で、インフレ率一桁は重要なターゲットとなっていると考えられる。

次に、マクロ経済安定をも含む広義の構造調整ないし構造改革の計画の主な政策と予想される効果を表8-8に示した。政策の効果としての指標も併記した。

上記の政策目標も参照しながら解説すると、経済安定化は財政政策、金融政策、為替レート政策からなり、構造調整計画（狭義）は経済開放政策、国内市場規制緩和政策、公的部門改革政策の3つの政策グループからなる

表8-7 経済安定化のターゲット

		途上国	先進工業国
マクロ経済			
インフレ率			2% （イギリスのインフレ・ターゲティング）
財政収支	財政赤字の対GDP比	均衡ないし黒字 （IMF予測）	3%未満 （ユーロ圏の経済安定・成長協定）
国際経済			
外貨準備	輸入カバー率（月）	3か月以上	2か月以上
債務	公的債務残高の対GNI比		60%未満 （ユーロ圏の経済安定・成長協定）
	全債務残高の対GNI比	48%未満 （世銀分類）	
	全債務残高の対輸出比	132%未満 （世銀分類）	

出所：筆者作成。

表 8-8 構造調整計画（経済自由化）の設計

政策分野	政策手段	政策の効果
経済安定化政策		【短期的な目標、効果】
●財政政策	政府支出削減	インフレ抑制、国際経常収支赤字の削減
	賃金率の抑制	インフレ抑制
●金融政策	金利引上げ	インフレ抑制、国際経常収支赤字の削減
	貨幣供給量の抑制	インフレ抑制、国際経常収支赤字の削減
●為替レート政策	為替レート切下げ	国際経常収支赤字の削減
狭義の構造調整政策		【中長期的な目標、効果】
●経済開放政策		投資効率の上昇、貯蓄率の上昇
○為替管理制度	変動相場制への移行	国際経常収支の改善
	為替レート切下げ	国際経常収支の改善
○輸入管理制度	関税削減	投資効率の上昇
	非関税障壁の撤廃	投資効率の上昇
○投資収益	海外送金の自由化	海外送金の増加
○資本取引の自由化	外国投資への制限の削減	外国投資の増加
	外国投資の優遇措置	外国投資の増加
●国内市場規制緩和政策		
○（生産）財市場	小農作物の買付け価格引上げ	耕地面積の増加
	（食糧作物対換金作物）	国内交易条件の改善
	民間買付け業者の参入	出荷量の増加
	製造業品の価格自由化	価格上昇、収益改善
○サービス市場	公共料金の引上げ	収益改善
	農産物運輸サービスの自由化	出荷量の増加
○生産要素市場	資本財（輸入）市場の自由化	投資効率の上昇
	肥料市場の自由化	単位収量（効率）の増加
	土地利用の弾力化	耕地面積の増加
	（労働市場の自由化）	（投資効率の上昇）
○金融市場	公定歩合の引上げ	貯蓄率上昇
	市中レートの自由化	貯蓄率上昇
	政策金融の削減	実質補助金の削減
●公的部門改革政策		
○中央政府の改革		
歳入	税率引上げ	税収の増加
	徴税システムの改善	税収の増加
経常支出	雇用数の削減	収支の改善
	賃金率の抑制	収支の改善
	財・サービス購入の抑制	収支の改善
	補助金の削減	収支の改善
投資支出	直接生産部門の比重の引上げ	投資効率の上昇
	（農業部門、とくに小農投資）	
	他部門の比重の抑制	投資効率の上昇
直営事業	支出の抑制、収入の増加、民営化	収支の改善、投資率の上昇
○公企業改善		
全企業、農作物買付け機関、公益事業、開発金融機関	支出の抑制、収入の増加、民営化	収支の改善、投資率の上昇

注：各政策に直結した直接目標効率をあえて単純化して掲載したものである。厳密には、複数の政策実施の連携により複数の目標が達成される。
出所：筆者作成。

と考えられる。

　まず短期のマクロ経済安定については、短期の目標を達成するために実施されるが、財政政策、金融政策、為替レート政策という通常のマクロ経済管理政策である。被融資国が国際収支赤字とインフレに直面している場合、その是正のために総需要の抑制と為替切り下げを行う。もちろん、これらの政策、すなわち政府経常支出の削減と金利の引き上げとによって、全般的な経済不況、失業の増大など副次的な悪影響が生ずる可能性が高い。

　中国など国際経常収支が黒字の国の場合、景気刺激策が採られることになる。同国は為替レートがドルとの固定となっているが、その切り上げが重要な政策手段となる。固定でない場合、為替レートの高め誘導が行われる。

　中長期目標のための政策としては、資源配分の効率化という政策目標のために、構造調整（狭義）政策が実施される。

　経済開放政策は対外的な経済関係を開放することであり、商品貿易の取引のみならず、サービス、所得、資本の取引の自由化も含まれる。国内規制緩和は、今述べた海外との取引に加えて、財、サービス、生産要素の全ての国内市場に対する政府の規制の緩和（ないし撤廃）を指す。生産要素としては資本が重要で、直接投資や証券投資の自由化も重要な政策となっている。

　公的部門改革は、政府と公企業を対象とし、財政を含む経営改善と民営化を含む機構改革からなる。政府は中央政府と地方政府からなる。経常的な収支の改善が中心であるが、既に述べた公的機関の機構改革が行われており、ガバナンスが重要な政策課題となっている。

　一般的にいうと、構造調整計画は、保護による閉鎖的経済体制から開放体制へ、輸入代替工業化から輸出志向へ、公的部門主導から民間主導へという重点の転換を求めるものである。

　最後に、表8-8に挙げていないが、社会的影響軽減政策が付随的に実施される。これは、政策実施の悪影響として経済不況、失業増大などに対応して実施されたものである。しかし、上記のように短期的なマクロ政策による不況政策は不可避なものである。それらへの対策としての政策は副次的なも

のと位置づける必要がある。

さらに、元々、ラテン・アメリカのように、国内の所得格差が大きいという問題があるところでは、このような本来の構造的な問題は中長期を対象とした別の政策の実施によって解決される。

③ セクター以下の改革

過去に新興市場国が構造改革を行った際に、IMFはマクロ・財政・金融分野に対応し、世銀がセクター以下の水準の政策について提言を行った。両機関導入の構造調整計画（SAP）については、その導入当初からマクロ、セクター（部門）、サブ・セクター（小部門ないし産業）、そしてミクロ（プロジェクトや個別企業・組織）のすべての水準が整合的であるような体系となっていた。

1990年代後半からは、世銀主導でセクター以下の分野について徹底した構造改革が行われることとなった。具体的には、サブ・セクターないしセクターを対象として、部門投資計画（Sector Investment Program: SIP）ないしセクター・ワイド・アプローチ（Sector Wide Approach: SWAP）が打ち出された。マクロ・レベルの安定化や構造調整がかなり終了した後を受けて、下位の水準でより徹底した調整を行うということである。

SIPの特徴は表8-9のとおりである。まず対象のサブ・セクターないしセクター全体をみた開発戦略が立てられ、必要な政策手段が整合性あるように組み立てられている。また、参加型の立案・実施・評価の体制がとられて、裨益住民やNGOを含むすべてのアクターが立案段階から参画する。そ

表8-9 部門投資計画（SIP）の特徴

1. 対象セクターの全体をカバーしている、公的支出と政策のすべてを含む。
2. 明確で整合性のあるセクター戦略。
3. 現地関係者が策定の中心となる。政府のみならずNGO (Non-Governmental Organization) や住民も含む。
4. すべての主要ドナーがプログラムに署名して、協調融資を行う。
5. 実施上の取決めが、可能な限りすべてのドナーに共通化されている。
6. 長期の技術協力は最小限に止める。

出所：World Bank, Best Practice in Sector Investment Programs, *Findings*, December 1996.

して、援助側については、同じく整合性のある援助計画が企図され、実施面で政府側への業務上の負担を軽減し、また自助努力を損なわないように現地の専門家をより使おうということである[21]。

これは、世界銀行の用語を使うと、構造調整の深化 (deepening) であり、IMF プログラム実施の新興市場国で世銀主導で細部にわたる構造改革が実施された[22]。

5）実施計画

計画の設計として、実施計画は重要な評価・分析項目である。一般に、政策実施の時期と速度（スピード）の2つからなると考えられる。実施の時期については、IMF・世銀の政策モデルでは、すべての改革を同時に速やかに実施することが期待されている。すべての市場が自由化されないと、各部門・産業・企業の十分な生産増加は期待できないと考えられている。例えば、農産物価格が上昇したとしても、運輸サービス市場が自由化されて政府系の特定業者以外の民間会社の参入がなければ、農民は生産を増やすインセンティブをもたない。

しかし、実施の時期に関して、実際のところすべての政策を同時にすぐ実施できない。それにもかかわらず、2001年の世銀『構造調整再考』における評価で、多くの政策条件を付与する「ショットガン・アプローチ」がとられたと述べられている。

そして、政策の順序 (sequence) が問題となる。順序を間違えたがゆえに、望まれた政策効果が発現されないということが起こったのである[23]。

実施のスピードは IMF や世銀などの融資期間に対応して、1～4年となっている。特に、IMF はすべての政策を短期間に急激に行う「ショック療法」(shock therapy) を主張する。これに対して、漸進主義 (gradualism) が対立する。

以上は、各計画当たりの実施計画を論じたのであるが、実際上は、多くの国、特にアフリカの低所得国を中心に、融資は更新され20年に及ぶ構造調整の実施となっている国がある。

ただし、立案された計画の実施は、融資期間内での実現が求められる。融資

期間内は、いくつかのトランシェに分かれて、政策の遵守をみて融資が行われる。

6. 政策文書への接近

本節では、IMFと世界銀行を対象に、政策文書の概要説明とアクセスの仕方を解説する。両国際機関の場合、かなりの予算が使われているとみられ、膨大な情報が入手可能である。

(1) IMFの文書

新興市場国に対するIMF融資とその政策条件である経済安定化政策と構造改革政策を、以下に順を追ってみていく。事例として、2008年米欧金融危機の波及でIMF融資を受けるに至ったハンガリーなどを取り上げる。

〔基礎情報〕
加盟国へのIMF融資一覧表(本書、表1-4)
「www.imf.org」のフロント・ページの右上のSite Map(目次)をクリックして、About the IMFのResourcesのIMF Financesを選ぶ。次に、Financial Data and ReportsのIMF Financial Activitiesを選ぶと、週ごとの融資一覧表が出てくる。2008年12月6日現在で、12月4日の一覧表を見ることができた。

基本的アクセス法(国別)
「www.imf.org」のフロント・ページの右上のSite Index(目次)をクリックして、アルファベット順になっている中から直接国を選ぶ。日付の新しい順で、声明や文書の発表がリストアップされてでてくる。IMFや当該国高官のスピーチも閲覧できる。

各国別のIMF融資の基礎情報の入手

入手方法：画面左側のFinancial Position in the Fundをクリック。出てきた画面で、Latest financial arrangementsを見る。スタンドバイ信用など融資名、承認年、金額がわかる。過去の融資案件も一覧表に含まれるので、これまでのIMFとの関わりも理解できる。

事例国ハンガリーについて、2008年12月5日現在では、上記のリストに最新の融資情報は含まれていない。そこで、ハンガリーのページの中央のニュース欄を日付順に見ていくと、11月6日のプレス・リリースがある。当日付けで、IMF理事会が、同国に対して、105億SDR（約123億ユーロないし157億USドル）を承認した、とある。融資期間は、17か月である。

〔政策文書（ドキュメント）〕
基本的アクセス法

入手方法：「www.imf.org」のフロント・ページの右上のSite index（目次）をクリックして、「Country Policy Intentions Document」を選ぶ。あるいは、Site mapで入り、右側にあるpublicationsの中にもこのDocumentがある。

新しく出てきたページの左上隅の「Letter of intent」などを選ぶ。（2007年とおり10月末日現在）。主要文書の概要は以下のとおりである。

① Letter of intent（政策趣意書）

IMFトップの専務理事に対する手紙の形式で書かれている。差出人の多くは当該国の財政大臣や中央銀行の総裁。中央アジアのタジキスタン（アフガニスタンの北）の「政策趣意書」（Letter of intent）の差出人は大統領である。

手紙の分量は2ページ程度で、内容は当該財政年度のマクロ経済政策や構造改革政策の実施の意志を示したものである。

詳しい政策内容は、政策趣意書に添付される次の「②覚書」にある。

② Memorandum of Economic & Financial Policies（経済・財政政策覚書）

Letter of intent に添付される当該財政年度のマクロ経済政策と構造改革政策の全体的な政策内容が示される。政策目標、財政、金融、社会サービスも含むセクター毎の政策が説明される。付録として、Policy matrix に一覧表がある場合がある。このマトリックスで、政策目標、政策手段、実施スケジュールなどがわかる。

③ Policy Framework Paper（PFP：政策枠組み書）

構造調整計画（SAP）の中期の政策内容を示したもの。1999年秋までの拡大構造調整ファシリティ（ESAF）供与の政策条件。その後以下の「④貧困削減戦略書」に変更。

④ Poverty Reduction Strategy Paper（PRSP：貧困削減戦略書）

1999年秋の IMF・世銀の年次総会で決定された、構造改革の中期の政策内容。IMF の低所得国向けの融資手段である貧困削減・成長ファシリティ（PRGF）供与の政策条件。重債務貧困国（HIPC）債務削減イニシアティブ適用の条件としても利用される。2000年から開始。Interim PRSP の国もある。

PRSP はマクロ、財政、金融、セクターのすべてを含んだ政策文書である。貧困削減・社会サービス・セクターのみを扱った現地政府発行の「PRSP」との違いに留意が必要である。

⑤ Article 4 Consultation-Staff Report

IMF4条により、加盟国は IMF と定期的に経済協議を行わなければならない。新興市場国も、日本やアメリカと同様に協議を行い、その結果を公表する義務がある。協議結果は IMF スタッフ・レポートにまとめられて、ホームページでダウンロードできる。当該国全体を知るのに有益である。

事例国ハンガリーについて、2008年12月5日現在では、ハンガリーのページの中央のニュース欄をみると、2008年9月24日にスタッフ・レポートが公表されている。

(2) 世界銀行の文書

〔基礎情報〕

基本的アクセス法

世界銀行本部

「www.worldbank.org」のフロント・ページの右上に主なメニューがあるが、アルファベット順であればIndex、トピックで検索するのであればSite mapを選ぶ。

〔政策文書（ドキュメント）〕

世銀の融資案件（Projects）

国別のウィンドウの左側で、PROJECTS & PROGRAMSを選ぶ。過去の世銀プロジェクトのリストが得られ、個々に事業内容の要約がある。また、関連レポート全体がダウンロードできることもある。プロジェクトの中には、日本語では「マルチ・セクター」や「ノン・プロジェクト」と分類される構造調整支援融資（SAL, SECAL, DPL）が含まれている。

リストに含まれるが、当該国への世銀援助全体の3～4年毎のプロジェクト・サイクルにあわせて作成されるEconomic and Sector Workのレポートは、個々のプロジェクト（・レポート）の位置付けを把握するために有用である。

注
1) フリードマンは1980年に『選択の自由』を刊行した。2006年死去の際には、ブッシュアメリカ大統領などが彼の功績を讃えた。
2) G7はIMF・世銀年次総会などとのセット以外を含めて、年間で他に1～2回程度開催される。会議場所は、多くの場合ワシントンD. C.である。
3) 開発委員会とは異なり、IMFCはIMFだけに関わる組織である。
4) 両方は姉妹機関と呼ばれている。両機関、特に世銀は主な途上国に事務所を有するが、業務の多くは本部から派遣するミッションが行う。
5) アジア経済の比重の増大を背景に、また欧米主導の政策運営への対抗上、アジアの比重の増大が求められて、中国など4か国の比率上昇が2006年9月に合意された。
6) 他の低所得国向け融資として、外生ショック・ファシリティ（Exogenous Shock Facility: ESF）がある。外生ショックに直面した国が対象で、PRGF適格ではあるが、

PRGF 支援プログラムを実施していない諸国が利用可能である。対象期間は、1～2 年である。

7) 低所得国向けに無利子の融資を供与するのが国際開発協会（International Development Association: IDA）である（第2世銀と呼ばれる）。1960年に業務を開始した。IDA は別の機関があるわけではなく、相手国によって融資担当者が IBRD 融資にするか IDA 融資にするか決める。

8) 世銀東京事務所ホームページ（2007年11月16日）

9) 世銀の『年次報告』では、IBRD の貸付は、Structural Adjustment Loan（SAL）、IDA の金利の付かない貸付は、Structural Adjustment Credit（SAC）である。調整融資（貸付）に対応させて、調整計画ないし政策という用語が使われている。

10) 世界銀行の Operational Directive（OD）8.60.

11) 世銀『年次報告』2006年版。

12) これは過去20年間の経験を踏まえたもので、2年以上にわたるすべての関係者との協議の結果である。

13) 途上国側の回収困難がわかりながら貸したとして、後に貸した側の責任も取り上げられるようになった。

14) アメリカの公定歩合が、1977年の6%から1979-1982年の12%という高水準に至った（IMF 国際金融統計）。短期借り入れで急場をしのごうとした途上国の債務を悪化させた。

15) 世界銀行（2005）『世界銀行ガイド』田村勝省訳、シュプリンガー・フェアラーク東京、p.199.

16) Y は GDP、I は投資とすると、左辺の $\Delta Y/Y$ は経済成長率を示すが、それは以下の式のように、投資効率（$\Delta Y/I$）と投資率（I/Y）に分解される。

$$\Delta Y/Y = (\Delta Y/I) / (I/Y)$$

投資効率は1単位の投資がもたらす生産の増加を表す。経済成長率を高めるためには、投資効率か投資率、あるいは両方を上昇させることが必要である。$\Delta Y/I$ の ΔY と I はそれぞれ農業、工業、サービス業の値の合計値である。構造調整の意味するところは、規制緩和（ないし撤廃）によって部門（市場）間の垣根を低く（新規参入を促進）すれば、自由化（あるいは適正化）された価格をシグナルとして投資（資源）が最も生産的な部門（市場）に分配されて、全体的な $\Delta Y/I$ を高めるということである。

17) トイは、イギリス、サセックス大学開発研究所（Institute of Development Studies: IDS）の所長を務めた後、オックスフォード大学教授となっている。分類図は、拙著（2008）『IMF・世界銀行と途上国の構造改革』に和訳してある。

18) ①民間企業等への株式の販売・譲渡を通じて、民間の参画を促す。官民合弁ということになり、経営主体が民間や外資ということもありうる。政府の関与が50%未満となるこ

とも多い。極端ではゼロもある。また1%だけ所有してこれをGolden Shareと称して、政府が新しい民間主体の企業の勝手な決定（清算など）に拒否権を行使できる。②は破産と同義である。④は公企業の独占的市場に競争を導入するため民間企業を参入することを意味する。③はそれまで政府が行っていたサービスを民間企業に委託することを意味する。代表例は、道路の補修や援助肥料の配送。ケニアでは補修計画の外部委員会があり、政府は道路開発計画の立案のみ行う（2002年ケニア訪問時）。

19) 世界銀行（2005）『世界銀行ガイド』、p.62.
20) 世界銀行のホームページで、Social fundのoverviewで、first generation social fundsとして説明されていた。
21) 従来多かった長期の専門家派遣は極力少なくして、短期の外国人専門家の活用に限るということになっている。オランダ政府は、長期専門家の派遣を取りやめた。
22) アフリカ諸国やボリビアなど低所得国においては、部門投資計画（SIP）に対応して、援助側の共通予算（コモン・バスケット・ファンド）ないしプール予算が導入されてきている。
23) 例えば、輸入自由化を先にして国内企業に競争圧力を与えてから、価格自由化をすべきであった。実際は、政府の所轄部門がその規制を外すだけという意味でその緩和が容易な価格自由化が先に行われた。輸入自由化については、強硬な利害関係者の反対があったのである。その結果生じたことは、価格自由化が先に行われたおかげで、国内の独占的企業が価格をつりあげることによって経営難を逃れて、改革の努力を怠るということが起こった。

　2番目の例は、民営化が先で価格自由化は後が望ましかったが、実際には逆で行われた。すなわち、価格自由化が先に行われたゆえに、独占的な公企業に一時的な利潤をもたらし、民営化の努力を先延ばしにすることが起こった。

第 9 章

国際経済・金融政策の成果

本章では、前章で分析した構造調整ないし構造改革の実績として実施状況と効果の2つを扱う[1]。まず全体的な進捗を説明して、その後政策分野ごとに分析して、最後に地域別・国別に説明する。

1. 全体の成果

(1) IMF・世銀の融資状況

構造改革の成果として、まず融資状況をみる。既に示した表1-4がIMFによる構造調整支援の融資の現況である。まず世界の各地域の国々が支援を受けているのがわかる。2008年9月からの米欧金融危機の影響を受けて、ハンガリー、ウクライナがリストに上がっている。パキスタンも近く融資承認を受ける予定となっていた。

2008年前半までは、大口融資国はトルコであったが、2005年時点ではブラジルがそれを上回る融資を受けていたし、アルゼンチンも重要な被融資国であった。

次に、構造調整計画の全体的な進捗をみる。まず世界規模でみると、世銀の構造調整融資（SAL）が最初に供与されたのが1980年である。被融資国は本

表 9-1 IMF の長期融資国
(1971-2000)

	IMF 取極年数	取極数
フィリピン	25 (1)	16
パナマ	21 (10)	17
パキスタン	20 (0)	15
ハイチ	20 (5)	15
セネガル	20 (0)	13
ガイアナ	20 (4)	14
ケニア	19 (1)	13
ウガンダ	18 (0)	9
マダガスカル	18 (0)	11
ウルグアイ	18 (6)	16
ジャマイカ	18 (0)	12
モーリタニア	17 (0)	10
マリ	17 (0)	9
マラウイ	17 (0)	9
トーゴ	17 (0)	10
アルゼンチン	16 (3)	10

出所：IMF (2002)。

書の対象であるトルコ、フィリピンに加えて、低所得国のケニア、スーダン、ボリビア、セネガルである[2]。

世銀の（構造）調整融資の対象国については、東欧や旧ソ連圏諸国からアフリカ、ラテン・アメリカまで、東アジアを除く多くの国で実施されている。IMFの構造調整支援の融資も世界中の途上国が対象国となっている。とりわけ、ラテン・アメリカ、アフリカ、旧社会主義圏の国が多い。主要な融資国がメキシコ、韓国、アルゼンチン、ロシア、トルコなどである（表9-1参照）。

1980年代前半は、比較的経済全体を対象とするSALが多かったが、ある程度マクロ水準の構造調整が進んだのを受けて、1980年代後半以降は部門調整融資と通常の開発（投資）プロジェクト融資が増えている。

そして、表9-2で調整融資を部門別にみる。まず重要なことは、一般に融資や援助の対象部門は直接生産、経済インフラ・サービス、社会インフラ・サービスの3部門に分かれるが、構造調整計画において民間主導の市場経済化が図られ、農業など直接生産部門の比重が大幅に減っている。他方、ファイナンス分野の比重が高まっている。

また、民間への規制緩和がある程度進んだ段階で、機構やガバナンス重視から公的部門、民間セクターへのさらなる支援ということで民間開発などの分野がふえている。

開発政策融資は、2004年にSALなど調整融資（AL）に代わって導入された。2004-2006年における融資総額（コミットメント・ベース）の約3割が

表9-2 世銀の調整融資の部門別内訳
(1995-2000)

部門	調整融資総額に占める比率（％）					
	1995	1996	1997	1998	1999	2000
農業	4.6	5.1	13.8	0.0	0.5	0.0
経済政策	54.7	34.2	32.5	13.0	64.4	23.3
教育	0.9	0.0	0.0	0.7	0.0	0.0
電力・エネルギー	2.8	0.0	0.0	0.9	0.2	0.0
環境	0.0	0.0	0.0	0.0	0.0	1.0
ファイナンス	34.6	23.7	17.6	50.9	11.8	24.0
保健、栄養、人口	0.0	7.8	0.0	6.2	0.0	0.0
鉱業	0.0	11.0	5.9	7.1	2.0	0.0
公的部門開発	2.3	12.3	3.1	0.9	2.9	0.4
民間部門管理	0.1	5.9	8.4	7.8	4.7	41.1
社会保護	0.0	0.0	18.7	10.9	11.5	9.9
運輸	0.0	0.0	0.0	1.6	0.2	0.4
水供給、衛生	0.0	0.0	0.0	0.0	2.0	0.0
合計	100.0	100.0	100.0	100.0	100.0	100.0
合計（百万USドル）	5,325.0	4,509.0	5,087.0	11,290.0	15,330.0	5,107.0

出所：World Bank (2001), *Adjustment Lending Restropective*.

DPLとなっているが、件数では90〜120の総数に対して20件前後となっている。

開発政策融資の対象国を示した表9-3で、重点部門がわかる。

（2）債務救済

既に述べたように、IMF・世界銀行主導の構造改革は、国際的支援に支えられている。融資や援助の前に債務救済措置がとられてきた。当該国は債務返済が困難になったからIMFなどに支援を仰ぐのであって、まずは当面の債務問題の解決が必要なのである。

債務救済の枠組みとしては、1970年代末から1980年代初めにかけて、ラテン・アメリカやアフリカなどが対外債務返済不能に陥った際、アメリカが債務問題はケース・バイ・ケース、国別で対処する、という立場をとった。

債務救済の交渉の前提は、当該国がIMFと経済安定化計画を締結すること

表 9-3　国別の開発政策融資

(単位：100万ドル)

国	融資案件	IBRD	IDA	合計
2007年度承認				
チリ	公共事業省 DPL	30		30
コロンビア	第3次土地改革・社会開発 DPL	200		200
コロンビア	第2次プログラマティック・ビジネス生産性・効率 DPL	300		300
コロンビア	第2次プログラマティック・持続的開発 DPL	200		200
ガーナ	第1次貧困削減支援クレジット		110	110
インド	第3次アンドラプラデッシュ経済 DPL	150	75	225
インド	オリッサ社会経済 DPL	150	75	225
インドネシア	第3次 DPL	530	70	600
パキスタン	第2次貧困削減支援クレジット		350	350
パキスタン	第2次北西辺境州 DPL		130	130
パキスタン	シンド教育 DPL		100	100
パキスタン	第4次パンジャブ教育 DPL		100	100
パキスタン	第2次パンジャブ灌漑 DPL	100		100
ペルー	成果・透明性（REACT）DPL	150		150
ペルー	第1次プログラマティック・ビジネス財政強化・競争力 DPL	200		200
フィリピン	第1次 DPL	250		250
タンザニア	第5次貧困削減支援クレジット		190	190
トルコ	競争力・雇用部門 DPL	500		500
ベトナム	第6次貧困削減支援クレジット		175	175
ベトナム	第1企画プログラム・第2フェーズ支援業務 DPL	135	50	50
2008年度承認				
コロンビア	第3次プログラマティック・ビジネス生産性・効率 DPL	550		550
エジプト	第2次金融部門 DPL	500		500
インド	ビハール DPL	150	75	225
インド	第1次ヒマチャルプラデッシュ DPL	135	65	200
インドネシア	第4次 DPL	600		600
インドネシア	第1次インフラ DPL	200		200
メキシコ	第3次快適住宅・都市貧困削減 DPL	200.5		200.5
メキシコ	気候変動 DPL	501.3		501.3
トルコ	第2次プログラマティック公的部門 DPL	400		400
ベトナム	第7次貧困削減支援クレジット		150	150

注：DPL は開発政策融資。
出所：World Development Report, Annual Report 2007&2008、を利用して筆者作成。

である。2004 年 11 月にイラクの債務削減交渉が妥結したが、IMF と経済改革プログラムを結ぶことが前提となっていた。

　債務救済の交渉はパリ・クラブとロンドン・クラブによる会議で行われた。パリ・クラブは途上国の二国間公的債務（ODA 債権および非 ODA 債権[3]）を対象とした非公式会合である[4]。

　しかし、債務問題は国別のアプローチがとられたがなかなか解決せず、その打開のために、国別アプローチをベースとしつつも、横断的な対策がサミットや G7 を中心に検討されて実施に移された。

　新興市場国が含まれる中所得国の救済については、商業債権の割合が大きいラテン・アメリカを中心に、1985 年 9 月のベーカー提案と 1989 年 3 月のブレディ提案が実施された[5]。

　ベーカー提案は IMF・世銀など国際金融機関、債権国、民間銀行が協調してケース・バイ・ケースで新規融資を増加するという提案であった。しかし、同提案は債務支払いの繰延べにすぎず、根本の問題が解決しなかった。

　ブレディ提案は、IMF・世銀主導の構造調整計画の実施を前提に、新規融資に加えて、民間銀行に対する債務の削減、利払削減に重点を置いたものである[6]。同提案は「新債務戦略」と呼ばれた。

　具体的な方策として挙げられたのは、債務の買い戻し（キャッシュ・バイ・バック）、債務の債券化（デット・ボンド・スワップ）、利払い軽減、債務の株式化（デット・エクイティ・スワップ）、新規資金が選択できるメニューである。

　また、1990 年のヒューストン・サミットで低中所得国の債務軽減の方針が出されて、1991 年において、長期の繰延べ措置がとられることがパリ・クラブで合意された。

　このように債務削減を織り込んだことにより、ラテン・アメリカ諸国を中心とした中所得国の債務問題が解決に向かった。中所得国の多くは経済力があることもあり、IMF・世銀主導の構造調整計画の結果、債務危機から脱却することに成功した。特に、1980 年代から大規模な債務危機に陥ったラテン・アメリカ諸国の債務負担度は軽減された。

また、アメリカ主導で、政治的な配慮も加えた特例措置として債務免除された中所得国がある。ポーランドは1991年4月のパリ・クラブで、公的債務の実質50%の削減が合意された。債務免除を行わない日本も、1992年2月に債務免除を行った。ベルリンの壁が崩壊したのが1989年、ソ連邦が分裂したのが1991年12月である。前例のない市場経済への移行を支援するという意図があった。

　エジプトについては、1991年5月のパリ・クラブの会議で合意され、7月に削減された。湾岸戦争に関わる支援であった。この2か国は特例として、他の国に適用しないことが合意された[7]。

　ついでながら、アフリカを中心とする低所得国ではIMF・世銀主導の債務救済措置は成功しなかった。IMF・世銀の融資も原則すべて免除されることとなった[8]。

　重要なことは、アフリカに多い重債務貧困国は対外債務返済能力を再構築できず、IMFや世銀の融資を返済できないところまで至った。

(3) 構造改革政策の全体的実績

　経済実績については、一般に、新興市場国が含まれる中所得国では、市場の自由化により輸出や外国直接投資が反応して、経済が自立的に循環するようになったといえる。

　構造調整計画が大々的に行われたラテン・アメリカ地域については、1980年代の「失われた10年」から1990年代に経済が回復したのは事実である。同地域においては自由化の程度はかなり高く、国内金融市場が世界市場にオープンになっている。

　しかし、課題としてふたつある。第1に、2006年に当時の筆頭副専務理事であったクルーガーが述べたように、依然として多くの国々で国際金融不安が生じている。明らかに、1980年代のメキシコ危機に始まる深刻な経済・金融危機は既に解決したとみるべきだろうが、焦点はIMF、アメリカが進めた世界規模での国際金融自由化によって世界中を駆け巡る多額の資本の動きをどのように監視、制御するかであろう。

第 2 に、各国内における所得格差、貧困の問題である。元々反アメリカの意識が強いこの地域では、不人気な政策の遂行、またその効果の不十分さを起因として、構造調整計画が頓挫し、政権の交代が行われたのは事実である。ボリビアは構造調整計画のモデル国であったが、2006 年初めに誕生した政権が民営化企業の再国有化を提案している。

その後の政策面の変更をみると、ウィリアムソンは「現在ではワシントン・コンセンサスは存在しなくなった、それはブッシュ政権のアメリカと世界の他国との間にもたらした深い亀裂のためである。現在のアメリカ政府との間でコンセンサスがない例として、国際的な資本取引の自由化が挙げられる。IMF はアジア通貨危機の教訓から、その政策を完全に支持しなくなったが、アメリカ政府は依然として強い支持をしている」[10]。2007 年からのアメリカを震源地とする米欧金融危機の原因として、ヘッジファンドの活動など国際金融自由化の悪影響が挙げられているが、それはアメリカ単独の市場偏重主義によるものであった。識者の中には、本書で取り上げたレーガン政権からの自由主義を原因と挙げる者もいる。

2. 構造政策の進捗と成果

(1) 為替レート制度
1) 国 比 較

為替相場（レート）制度の国分類は、IMF の年鑑、*Annual Report on Exchange Arrangements and Exchange Restrictions*（海外取引の取決めと制限措置）の 2008 年版（2008 年 9 月発行）でわかる。それまでは、国際金融統計（IFS）に掲載されていた。世界のすべての地域と国が分類されている。

その表をみると、固定相場制などの国が比較的に多いが、大洋州やカリブ海地域などの小国が多く含まれている[11]。しかし、1980 年からの構造改革によって進められた趨勢は、弾力的伸縮相場制度である。市場原理重視の理論に照らせば、完全変動相場制度が理想である。したがって、IMF 主導の構造調

整を進めた多くの国で、固定相場制度から変動相場制度への移行が進んだのである。完全フロートや管理フロートの国が増えてきている。

その表から新興市場国とその他の主要国を抜き出して作成したのが、表9-4である。弾力的伸縮相場制度のグループには、ラテン・アメリカのブラジル、チリ、メキシコなど主要国が入る。さらに、アジアの新興国では、韓国とフィリピンが完全フロートをとっており、管理フロートはインド、インドネシア、タイで採用されている。

中国はドル・ペッグ制度をとっていたが、2005年7月からある程度の変動を認めるようになり、2008年には20%切り上げが起こった。今日では、クローリング・ペッグの分類に入っている。すなわち、上限と下限の範囲内での変動を認めるというものである。ユーロに導くために欧州諸国が過去に採用した政策である。

同表には国際金融政策の枠組みも記載されている。弾力的伸縮制度を採用している国の多くはインフレ・ターゲティング政策をとっている。

2）経済自由化と政策の変化

過去の政策の流れを振り返ると、上記のように、1980年代からの構造改革において変動相場制度への移行が中心の政策であったといえよう。しかし、1997-1998年のアジア通貨・経済危機がその政策に大きな影響を与えたと考えられる。

当時、タイは、1997年6月まで通貨バスケットによる固定相場制度をとっていたが、1997年7月に変動相場制度に移行した。瞬く間にバーツは暴落し、アジア通貨・経済危機の発端となった。1994年のメキシコ、2001年末のアルゼンチンも同様である。

しかし、以前から進められた国際取引の自由化、特に証券投資の自由化は、動きの激しい短期金融資本（例えば、ヘッジファンド）の当該国経済の通貨への影響を大きくし、不安定にした。

そこで、IMFは、完全変動相場制だけではなく、経済安定化のために、IMFは固定相場制度も認めるという「2極の見方」をとるようになった。この2制度の中間の制度は不安定にあるということである。

表 9-4　為替相場制度

(2008 年 4 月末現在)

為替相場制度 (国数)	金融政策の枠組み			
	為替レート安定	貨幣供給量	インフレ・ターゲティング	その他
単一通貨 (10)				
カレンシー・ボード (13)	ブルガリア、香港			
ペッグ (68)	アルゼンチン、サウジアラビア、ロシア、ベネズエラ、ベトナム	アルゼンチン		
ホリゾンタル・ペッグ (3)	スロバキア			
クローリング・ペッグ (10)	中国、イラク			
管理フロート (44)	シンガポール、ウクライナ	アフガニスタン、ケニア、タンザニア	コロンビア、インドネシア、ペルー、ルーマニア、セルビア	エジプト、インド、マレーシア、パキスタン、タイ
完全フロート (40)			オーストラリア、ブラジル、チリ、チェコ、ハンガリー、アイスランド、イスラエル、韓国、メキシコ、フィリピン、ポーランド、南アフリカ、トルコ、イギリス、ユーロ圏諸国	日本、スイス、アメリカ

出所：IMF, *Annual Report on Exchange Arrangements and Exchange Restrictions 2008*, 2008.

表9-5 国際取引制度

		1 中国(本土)	2 中国(香港)	3 韓国	4 シンガポール	5 インドネシア	6 マレーシア	7 フィリピン	8 タイ	9 ベトナム	10 インド	11 パキスタン	12 チェコ	13 ハンガリー	14 ポーランド
支払・受取の取決め															
二国間支払	1							○							○
支払残高	2														
「見えない」取引と経常移転に関わる支払	3	○						○	○	○	○	○			○
支払への規制															
利潤の本国送金	4	○		○			○		○		○	○			
差し留め条項	5										○	○			
資本取引への規制															
証券	6	○		○		○	○	○		○	○	○	○	○	○
銀行間取引	7	○		○		○	○	○		○	○	○	○	○	○
公債	8	○		○		○	○	○		○	○	○	○		○
デリバティブその他	9	○	○			○	○	○	○	○	○	○	○		○
商業上の信用	10	○				○	○	○	○	○	○	○			
金融上の信用	11	○			○	○	○	○	○	○	○	○			○
保険、金融上の裏付け等	12	○					○	○	○	○	○	○	○	○	○
直接投資	13	○		○				○		○	○	○	○	○	○
直接投資の清算	14	○			○		○		○	−					○
不動産取引	15	○			○		○	○	○	○	○	○	○		○
個人の資本取引	16	○					○	○		○	○	○			○
以下に関わる規定															
商業銀行とその他	17	○	○	○	○	○	○	○	○	○	○	○	○	○	○
機関投資家	18	○	○	○	○	○	○	○	○	○	○	○	○	○	○

第9章 国際経済・金融政策の成果 129

		15 ルーマニア	16 ロシア	17 トルコ	18 アルゼンチン	19 ブラジル	20 チリ	21 コロンビア	22 メキシコ	23 ペルー	24 ベネズエラ	25 エジプト	26 南アフリカ	日本	アメリカ
支払・受取の取決め															
二国間支払	1	○	○	○											
支払残高	2	○	○	○									○		○
「見えない」取引と経常	3							○	○	○	○	○	○		
移転に関わる															
支払への規制															
利潤の本国送金	4		○	○	○	○		○			○	○	○ ○	○	
差し留め条項	5				○	○		○			○		○	○	
資本取引への規制															
証券	6		○	○	○	○		○	○		○	○	○ ○	○	○
銀行間取引	7		○	○	○			×	○				○	○	○
公債	8		○	○		○		×	○		○		○	○	○
デリバティブその他	9		○	○	○	○		○	○		○		○		
商業上の信用	10			○				○					○		
金融上の信用	11		○	○	○	○		○	○				○		○
保険、金融上の裏付け等	12		○					○							
直接投資	13			○			○	○	○			○	○		
直接投資の清算	14										○		○	○	
不動産取引	15	○		○	○	○		○	○		○	○	○		
個人の資本取引	16		○	○									○		
以下に関わる規定															
商業銀行とその他	17	○	○	○	○	○	○	−	○	○	○	○	○	○	
融資機関															
機関投資家	18	×	−	○	○		○						○	○	○

出所：IMF, *Annual Report on Exchange Arrangements and Exchange Restrictions 2008*, 2008.
注：○は規制あり、×は規制なし、−はデータ無し。

IMF 運営のナンバー2にあたる筆頭副専務理事であり、高名な経済学者であるフィッシャー教授は、2001年の小論で、中間の相場制度から弾力的伸縮相場制度か固定相場制度を採用する傾向が続くとし、またこれから国際金融市場を自由化する国々は固定相場制度を選択する可能性が大きいと述べている[12]。

もちろん忘れてはならないのは、変動レートの価値を維持する金融・財政政策の適切な実施と、環境の変化に応じた相場水準の変更（特に、切り下げ）が必要であるということである。

この背景として、変動相場制度の導入はアメリカ・イギリスがリードしたが、人為的介入を是とする欧州諸国の意向があったと考えられる。特に、ユーロを導入したユーロ圏諸国を中心に固定相場制度維持政策が採られた。

（2）国際経済取引の国比較

各国の海外取り決め全体を記した情報は、IMFの年鑑、*Annual Report on Exchange Arrangements and Exchange Restrictions*（海外取引の取決めと制限措置）でわかる。このドキュメントは英語版しかない。国別で、為替、財・サービス貿易（関税率を含む）、所得取引（利潤の海外送金）、資本取引（直接投資、デリバティブなど融資）などの制度がわかる。

表9-5は、同年鑑の巻頭にある世界の国一覧表からの抜粋である。貿易・為替レートについては本書の当該箇所で扱っているので、この表では、経常勘定の所得取引から資本取引全般までに関して国際取引制度の国比較を行った。元の表からわかることは、規制の程度が少ない筆頭が台湾である。それに続くのが香港。そして、チリ、ペルー、ルーマニアである。さらに、シンガポールの自由度が高い。

規制がもっとも多いのが中国、ベトナム、インド、パキスタンである。

（3）貿易自由化
1）国比較
　貿易に関わる代表的な政策手段として、関税政策と非関税政策がある。関税率について表9-6をみると、まず地域間で率に違いがあるのがわかる。香港やシンガポールはきわめて低い。南アジア諸国と、ラテン・アメリカ、中東などの一部の国が高い。

　世界経済フォーラムが貿易業務のやり易さを指標化したランキングを発表している。表によれば、中継貿易拠点である香港とシンガポールが1、2位である。それに対して、ベトナム、南アジア諸国、ロシア、ベネズエラのランキングは低い。BRICsの中では中国のみが比較的高い評価を受けている。

2）貿易自由化政策
　GATTやWTOの機構について説明したので、ここでは歴史の流れで貿易自由化政策を論じる。

① GATT（「関税および貿易に関する一般協定」）

　1948年に設立されたGATTは、東京ラウンド1973-1979年、ウルグアイ1986-1994年などを通じて、先進工業国に加えて、途上国の貿易自由化に寄与してきた。

　ケネディ・ラウンド交渉妥結が1967年、東京ラウンド交渉妥結が1979年と、10年毎に自由化を進めてきた。ウルグアイ・ラウンドについては、1994年に閣僚会議が開かれて、マラケシュ宣言が発表された。

　IMF・世銀主導の経済自由化は1980年から急速に進められているので、1994年の時点で途上国の多くで自由化の面での進展があったといえる。

② WTO

　1995年に設立されたWTOの活動の進捗についてみると、新しい貿易自由化交渉であるドーハ・ラウンドは2001年11月にカタールのドーハにおける閣僚級会議で開始された。実際は、1999年12月にシアトルで開かれた会議で新しいラウンドを開始する予定であった。しかし、同会議において、1994年に合意されたウルグアイ・ラウンドで積み残された農産物輸出などの進め方で合意が得られず、2001年まで持ち越したのである。また、シア

表9-6 貿易政策

		製造業品関税率		世界経済フォーラム（WEF）貿易容易度	
		加重平均（%）	最新年	ランキング（総合）	ランキング（市場アクセス）
1	中国（本土）	5.3	2005	48	71
2	中国（香港）	0.0	2005	1	1
3	韓国	4.5	2004	24	72
4	シンガポール	0.0	2005	2	27
5	インドネシア	6.7	2005	47	22
6	マレーシア	4.8	2005	29	68
7	フィリピン	2.7	2005	82	80
8	タイ	5.7	2005	52	62
9	ベトナム	12.8	2005	91	112
10	インド	12.8	2005	71	105
11	パキスタン	14.5	2005	84	98
12	チェコ	4.3	2003	32	33
13	ハンガリー	8.0	2002	34	41
14	ポーランド	1.2	2003	45	42
15	ルーマニア	1.8	2005	57	61
19	ロシア	−	2005	103	99
17	トルコ	1.2	2005	38	8
18	アルゼンチン	5.7	2005	78	89
19	ブラジル	9.2	2005	80	92
20	チリ	4.4	2005	27	40
21	コロンビア	9.5	2005	75	96
22	メキシコ	3.1	2005	65	74
23	ペルー	7.6	2005	69	73
24	ベネズエラ	12.9	2005	115	103
25	エジプト	10.5	2005	87	111
26	南アフリカ	6.5	2005	59	67

出所：World Bank, WDI 2008, WEF, *Global Trade Enabling Report 2008*.

トルの会議では反自由貿易の活動家が多数終結し（10万人以上）、反グローバル化の大きな騒乱が起こった初めての国際会議となった。

ドーハ・ラウンドの当初の予定では、2005年12月に香港で開かれるWTO閣僚会議で自由化方式の枠組みの合意を目指していたが、その後交渉が大幅に延長されてきた。

ドーハ・ラウンドの交渉がうまく進まない理由としては、IMF指導により比較的自由化の進んだ途上国の側が、農産物を中心に自由化が進んでいない先進工業国に譲歩を求めるという対立があることが挙げられる。また、IMFなどの主導でかなり自由化を進めてきたにもかかわらず、鉱工業分野でさらなる自由化を求める先進工業国への途上国の反発は強い。それまでの長期にわたる先進国主導のGATT、WTO交渉への反発から、交渉の主導権を巡る争いもあるようである。そして、インドやブラジルなどが中心となって、途上国側が団結して、より多くの譲歩を求めるようになったのである。

一方、IMFが個別の途上国に貿易の自由化を課した結果、多くの国で貿易自由化が進んだが、自由化が国内レベル、世界レベルで貧困格差を拡大させるのではないかという議論が強くなっている。

③ 最近の進捗

2008年7月29日にWTO閣僚会議は4回目の決裂に至った。その前週に、ラミー事務局長の提案がなされて、日本を含めて合意寸前にいたっていた[13]。ほとんどが合意したが、土壇場で、米国と中印の対立があり、またインドがセーフガードの条件緩和を求めて米国と厳しく対立して、ドーハ・ラウンドの合意は失敗に終わった。

元々GATTの特例措置として認められた手段が許容されなくなっている[14]。国際収支赤字や失業増大などの理由も支持されなくなり、また貿易論で積極的な輸入保護政策として評価されてきた幼稚産業育成も、今日の途上国にとっては困難になっているのである。

（4） 投資自由化

　IMF・世銀主導の経済自由化において、外国投資の自由化は主要な政策であり、多くの途上国で急激に進められた。また、第2次世界大戦後政府主導で経済開発を図った途上国においては、IMF・世銀主導の経済自由化の中で、公企業や政府業務の民営化が行われることになり、国内資本の受け皿が少ない多くの途上国で外資による参画が急速に進んだ。

　多くの国々で、タイやフィリピンのBOIなど投資センターが設立され、途上国間で直接投資誘致競争が繰り広げられてきている。

　一方、WTOのドーハ・ラウンドは2008年7月に再度失敗に終わったが、重要な課題は投資の更なる自由化である。国際収支の資本勘定（取引）に関して依然として一定の制限があり、それの削減を先進工業国が求めて、それに反発する途上国との対立が起こっている。また、経常勘定における投資収益の自由な取引が重要な政策課題となっている。多国籍企業の側はそれに対する制限を強める国を迂回するといわれている。

　また、リージョナル・アプローチでみるが、途上国間で誘致競争を展開する悪影響として、税収の減少や賄賂の横行が起こっていると指摘されている。

　セクター別にみると、製造業品については比較的自由化は進んでおり、その後商業や金融業などのサービス部門でも自由化が生じている。両者とも国内の産業保護の観点から政府の規制が強かったが、2001年にWTO加盟した中国の例で見るように、外国資本の進出はサービス業でも急速である。

（5） 国際金融自由化

　本節では、国際金融に絞ってその自由化政策の実績を分析する。

1） これまでの経緯

　世界規模での経済自由化を1980年代初めから先導したイギリス、サッチャー政権は、1986年に証券中心の金融改革を開始した。それは、ビッグバン（BIG BANG）と名づけられた。宇宙の始まりを表す大爆発という意味である。その中心は、証券取引費用の自由化と、海外からの参入の自由化であ

る。成果は、英国の会社が外資に飲み込まれることとなったが、英国市場の地位は大きく上昇した。

　他の先進工業国でも国際金融の自由化は進められて、国際金融のグローバル水準の自由化が進展した。日本の場合、「日本版金融ビックバン」が 1996-2001 年にかけて実施された。正式な政策名は、「経済の基礎をなす金融システム改革」であった。

　1998 年 4 月の改正外為法（「外国為替及び外国投資法」）施行 の後をうけて、ビッグバンにおいて、外国為替取引の完全自由化、内外の資本取引自由化が断行された。例えば、為銀制度廃止が廃止されて、誰でも外為業務を扱え、また為銀以外で外貨決済をすることができるようになった。また、外国銀行を利用した取引も日本の銀行と同様に行えるようになった。

　併せて、1998 年 12 月 金融システム改革法が施行されて、国内金融の自由化も行われた。

　これらの政策の骨子は、以下の移行である。

間接金融から直接金融
公的金融から民間金融

　第 7 章の序論で説明したように、日本が先導した政府主導型の金融から民間主導への金融への移行という形で国際金融自由化が行われた。同じことが、IMF・世銀主導で 1980 年代後半から途上国で進められたのである。

2）新興市場国での政策

　構造調整計画ないし構造改革政策として、融資の条件としての政策条件をつけたのは IMF・世銀である。上記のイギリスの状況と違うとはいえ、自由化の骨子はイギリスや日本の改革と同じである。以下に政策とその成果を示した。

政策①参入規制撤廃、削減

成果：
① 新規参入増大、異業種の参入
② 外国資本の参入（株式投資、買収）

政策②公的金融機関の改革

成果：
① 公的金融機関の解体、民営化が進む。
② 公的金融機関の経営の改善が進む。

しかし、結果は期待されたほどのものではなかった。

3）成　果

　表9-5でわかるが、多くの途上国で資本取引の自由化が進んだ。GDF2008年版によれば、銀行部門に対する外資規制についての一覧表がある。2004年央で、一部の国について最新情報を使っているが、その内容は表9-7の通りである。その結果は、表9-8である。

　具体例として、ゴールドマン・サックスが2003年レポートで命名したBRICsは世界における大国であるが、同様に国際金融の自由化が行われて、BRICs投信など多くの投資商品が日本でも根付いているのである。

　もっとも、国によって差異はあり、2008年2月時点では、たとえば中国については2つの株式市場のうち上海市場のB株しか外国人は扱えない。株式市場は上海と、広東省の深圳のみである。

表9-7　銀行部門の外資規制

外資所有率	該当する新興市場国
1-49%	中国、インド、インドネシア、パキスタン、タイ
50-99%	ブラジル、エジプト、マレーシア、メキシコ、フィリピン、ポーランド、ルーマニア、ロシア
制限なし（100%可能）	アルゼンチン、チリ、コロンビア、ハンガリー、ペルー、韓国、南アフリカ、トルコ、ベネズエラ

出所：World Bank, *Global Development Finance 2008.*

表9-8 外資の所有度（銀行部門）

国	0～10%	国	10～30%	国	30～50%	国	50～70%	国	70～100%
タイ	5	ウクライナ	28	ケニア	41	タンザニア	66	マダガスカル	100
インド	5	インドネシア	28	ボリビア	38	ガーナ	65	モザンビーク	100
ナイジェリア	5	ブラジル	25	チリ	32	セルビア・モンテネグロ	65	スワジランド	100
トルコ	4	パキスタン	23	ベネズエラ	32	ルーマニア	60	ペルー	95
フィリピン	1	コロンビア	18	他12か国		他12か国		ハンガリー	94
南アフリカ	0	マレーシア	16					アルバニア	93
中国	0	ロシア	13					リトアニア	92
ベトナム	0	エジプト	12					クロアチア	91
イラン	0	他12か国						ボスニア	80
イエメン	0							メキシコ	82
バングラデシュ	0							マケドニア	80
スリランカ	0							ウガンダ	80
エチオピア	0							エルサルバドル	78
トーゴ	0							ザンビア	77
他7か国								ボツワナ	77
								キルギス	75
								ポーランド	73
								ブルガリア	72
								パラグアイ	71

出所：World Bank, *Global Development Finance 2008*.

　最後に、エマージング債券ファンドの内訳を表9-9に示した。本書対象の新興市場国のみならず、セルビア、イラクなどさまざまな国に投資が行われている。同様に、アフリカのガボンとガーナの債券への投資も行われている[15]。

　付表に、南アフリカの主要企業の株価の推移を示した。日本の証券会社のアフリカ投信にも上がっている企業もある。

表9-9 エマージング債券ファンドの投資先

	評価額（邦貨換算、千円）	全体に占める比率（％）
USドル建て		
ブラジル政府	1,126,048	5.8
コロンビア政府	922,669	4.7
セルビア政府	1,164,022	6.0
ロシア政府	1,103,349	5.7
ブエノスアイレス州政府	1,132,297	5.8
イラク政府	991,790	5.1
新トルコ・リラ建て		
トルコ政府	1,146,242	5.9
総計	19,481,754	38.9

注：2008年2月20日現在の組入資産。
出所：大和住銀投信投資顧問『運用報告書』2008年2月20日。

3. 地域別・国別の動向

（1） 全体の動向

　全体的に地域別・国別にみると、新興市場国ではIMF・世銀主導の構造調整計画を卒業して、すなわち両機関の管理下による経済・金融の自由化を進めて、その管理から離れた国が出た。

　そして、市場の自由化に反応して経済が回復し、また外国資本が流入して持続的な成長が実現した国が出た。ラテン・アメリカでは、1982年のメキシコの金融危機からIMF・世銀主導の構造調整計画（SAP）が大々的に始まることになるが、多くの国はその後「卒業」することになる。国際金融市場の自由化もかなり進んで、外国からの証券投資も増加した。

　しかし、国際金融の自由化が進み、国際資本の動きによって不安定な国々が現れることとなった。メキシコは1994年に再度危機に見舞われた。そして、1997-1998年のアジア通貨危機がその最初の大規模な危機であったが、同様な動きは他の地域でも続くことになる。

1998年にロシア危機が起こったが、それで窮地に陥ったのが、ヘッジファンドのLong-Term Capital Management（LTCM）社であった。同社の取り扱い額は、中国本土のGNPを超える規模であったと推定されている。2008年9月のリーマン・ブラザーズ破綻と違って、このファンドが倒産すれば大変な悪影響が及ぶとして、アメリカ財務省が素早く救済策を取りまとめた[16]。

同年のロシア危機はラテン・アメリカにも波及し、ブラジルも経済危機に陥った。そして、アルゼンチンは比較的長期間IMFの融資を受けてきたが、2001年の同国の経済危機がブラジルやトルコに波及した。

アルゼンチンは、アジア通貨危機前のタイのようにアメリカ・ドルとの固定相場制度を採用していたが、相場と経済の乖離を突かれて国際金融資本が引き揚げる事態が起こった。そして、債務返済不履行に陥り、日本も1200億円規模の証券投資があって不良債権化した。

契機は2001年9月の同時多発テロ後の国際金融の不調が引き金になったのであるが、直接投資は順調に伸びていたにもかかわらず、1999年には証券投資は既に純流出に転じていたのである。財政赤字の拡大（対GDP比率3％）による経済の不調と、固定相場の実体経済との乖離を、外国資本は突いたのである。2008年の米欧金融危機後のハンガリーやパキスタンも同様の問題を抱えていたとみられる。

東南アジアにおいては、一般論としてSAP実施国は少なかった。しかし、フィリピンは1980年代初頭からIMFのスタンドバイ信用と拡大信用供与ファシリティ（EFF）を受けてきているし、1980年代のインドネシアは両国際機関の指導による計画を実施したことがある。

その後アジア通貨危機時には、1997年12月までにタイ、インドネシア、そして韓国がIMFの融資を受けて構造調整を実施することになった（次項参照）。ただし、その後経済は回復した。

アルゼンチンはIMF融資を2007年に完済し、再度有望な投融資先となっている。2008年5月時点で、大口融資国はトルコのみである。

為替レート切り下げにより低所得国待遇を与えられたパキスタンも、先進工

業国の債務帳消しが2000年代初めにあり、2007年英国エコノミスト誌が有望な投資先として推薦するにいたった[17]。

中国については、通貨がドルと固定で決められていた。しかし、2005年7月の元切り上げが行われた。2007年までに10%程度切り上げられた[18] その後も切り上げが続き、2008年4月末現在では、クローリング・ペッグの国に分類されている。

2008年10月19日のG7共同声明では、元の柔軟性の導入を評価した。しかし、FUNDAMENTALS（経常黒字と国内インフレ）からみて、さらに切り上げるべきである、と勧告している。

（2） アジア通貨・経済危機
1） 背景と進展

世銀は1993年に『東アジアの奇跡』を発行した。同報告書は日本政府の支援によって作成され、日本を含む東アジアにおける政府主導型の開発の貢献が期待された。しかし、世銀はある程度の政府の介入を認めながらも、市場志向の政策が高度成長を導いたと結論付けた。そして、1996年まで、東南アジア地域の主要国は、見事な経済成長を遂げた。

ところが、高度成長によってバブルに遭遇していたタイからアジア通貨・経済危機がおこることとなった。同国においては、1997年の前半から、固定相場のバーツに対する外資売りが生じており、それに対処して7月2日に変動相場制度に移行した。それが発端となって、バーツ暴落が起こった。その後、外国資本が急激にタイから流出を始めて、通貨の下落と経済の悪化が急速に進んだ。

同国の危機は国内だけにとどまらない。経済および金融の市場が自由化されている中で、その危機は近隣国に波及して、各国の通貨が売りあびせられることになった。当時、巨大資本（ヘッジファンド）による通貨への投機と資本引き揚げがあり、マレーシアのマハティール首相がクォンタム・ファンドを率いる国際投資家ジョージ・ソロス氏を名指しで批判した[19]。そして、東南アジア地域の各国が瞬く間に経済不況に陥った。

インドネシアにおいては、1998年5月5日のIMF勧告の補助金削減による生活必需品などの価格高騰が暴動に発展して、商店の略奪、放火、中国人への暴行（死者は1,000人以上）が生じた。首都ジャカルタに火の手が上がる写真が日本の各紙の第一面に毎日掲載された。当時の橋本首相が陣頭指揮をとって、日本人の救出、資産の保護にあたった

そして、「1998年1月15日、（経済の悪化に）追いつめられたスハルト大統領は、来訪したカムドゥシュIMF専務理事が腕組みをして見下ろす傍らで、IMFによる経済改革を全面的に受け入れることを定めた第2次合意書に署名せざるをえなくなった。」[20] この写真は、当時政策を批判されたIMFの傲慢さを示すものとして紹介されている。同大統領は、暴動後の5月21日に退陣を発表し、32年間にわたるスハルト体制が崩壊した。

アジア通貨危機時のIMFの対応として、1997年8月にタイに対してスタンドバイ信用が供与された。1997年11月にはインドネシアが、12月には韓国がIMFのスタンドバイ信用を受けて、IMF主導で構造調整を実施することになった。

韓国でも、投機筋の通貨売りに対応する自国通貨買い支えで外貨準備が払底し、IMF融資を求めることとなった。2008年9月からの米欧金融危機の際、韓国で通貨が売られたのと同様である。同国はアメリカからの外貨支援を受けるところまでに追い詰められた。

1997-98年の危機に直面して、IMFが勧告した政策は、それまでと同じで、総需要抑制政策と為替レート切り下げによる国際経常収支赤字の削減と経済の広汎な自由化であった。固定為替相場の変動相場制度への移行も行なわれた。資本勘定における自由な取引は継続された。

IMFは、もちろん財政面の改革も行い、財政均衡化、公共投資の見直しが行われた。経済不況が最も深刻であったインドネシアにおいては、IMFの勧告にしたがって、ナショナル・プロジェクトであった航空産業、自動車産業の自国製品製造プロジェクトが取りやめとなった。経済不況を契機とする社会不安で、スハルト大統領が1998年に退陣に追い込まれた。

アジア通貨危機に対して国際的な支援が行われ、日本などの融資も動員され

た。IMF の当初の融資額は、タイに 40 億ドル、インドネシアに 100 億ドル、韓国に 210 億ドルと、大規模なものとなった。

2） IMF 政策の評価

東南アジアを中心とする地域の経済が悪化する中で、救済のための政策アドバイスを行なった IMF は厳しい批判にさらされることとなった。IMF が勧告した政策が東南アジアを中心とする地域全体に不況をもたらしたという批判である。

IMF の伝統的な政策は、通貨の大幅な下落を防ぐには、政府支出の削減など短期的に不況（需要抑制）政策をとって、輸入を減少させて、国際収支の改善や外資の獲得能力を再構築することであった。しかし、各国で厳しい不況政策を強いたことが、国際的な波及を通じて被融資国と地域の経済を更に悪化させたと批判された。

IMF の政策に対して、当時のアジア諸国の問題の原因は、支払能力（solvency）ではなく、流動性（liquidity）であるとする識者が多くいた。「ソルベシーの危機」でなく、「流動性危機」に過ぎないというものである。輸出による外貨獲得能力がないという「構造的」な問題なのか、一時的に外貨がなくなった「一過性」のものなのか、あるいは流動性の問題なのか、ということである。

アジア経済の問題は、構造的に外資を稼ぐ能力がないということではなくて、外国人投資家による資本の引き揚げ、すなわち一時的な外資不足によるものであって、IMF の政策は間違えているとの批判であった。支払能力に問題がないのに厳しい総需要抑制により輸入減少を図り、各国に深刻な経済不況を起こしたというものであった。

しかしながら、タイなどが構造的な問題にも直面しており、次の3点に留意しなければならない。まず、当時のタイのマクロ経済をみると、経常収支赤字の GDP に占める比率は 1995 年と 1996 年において -8%台と大きくなっていた[21]。この間、タイ・バーツはアメリカ・ドルとリンクされた固定相場を維持していた。為替レートが経済の実勢と乖離して割高になっているのを狙って、投資家が売り注文を出していたのである。本来は赤字によりレートの水準

が切り下げられなければならなかったわけである[22]。

　第2に、タイ国内では、危機以前の性急な短期資本自由化が膨大な資金流入とそれに伴う不動産投機を中心とするバブル経済を引き起こしていたのである。導入された外資が不動産購入に向かっていた。日本のバブル崩壊、2007年7月までの米国の住宅バブルと同様で、終焉後の反動が大きかったのであり、タイの金融機関は多額の不良債権を抱えることとなった。つまり、景気変動において下降局面が厳しかったということである。

　第3に、1994年に中国の通貨、元が大幅に切り下げられて、中国の輸出品の国際競争力が高まり、また海外からの中国への投資が増大した。つまり、東南アジア諸国の国際競争力が中国の通貨切下げで大きく損なわれたのである[23]。

　そうした状況を観察していた外国資本は、タイ・バーツが割高であると認識していたであろう。

　これらの問題に対処するという意味では、IMFの総需要抑制と為替レート切り下げの政策は、短期的には正しい処方箋であったといえる。

　もちろん、流動性の問題もあったわけで、問題は、引き締め政策の程度が大きすぎたということであろう。少なくとも、一国のレベルでのIMF処方箋に基づく強烈な需要引き締めが及ぼす国際的な影響が見過ごされたという点は重要である。

　IMF・世界銀行主導の構造改革における国際金融の自由化による負の面が出たということである。一国レベルの危機が容易に他の国や地域にすばやく波及したというこの危機を、当時のカムドゥシュIMF専務理事は「21世紀型の危機」と呼んだ。そして、同様のことが10年後に米欧金融危機として起こったのである。

注
1) 構造調整計画のIMF・世銀の評価方法にしたがって、その設計（デザイン）をベースに、その実績として実施状況と効果の2つを扱う。
2) スーダンを除く国に対しては、経済全体を対象とした構造調整融資（SAL）を、スーダンには農業部門を対象とした部門調整融資（SECAL）が供与された。
3) 経済協力の中のODAではなくて、その他政府資金（OOF）に含まれる国際協力銀行の

アンタイド・ローンや貿易保険。
4) パリ・クラブの会議は、毎月1回パリで開かれ、事務局はフランス政府の財務省の国際金融担当者である。その局長が議長をつとめる。もちろん、債務者である途上国政府の財務大臣なども出席する。

   ロンドン・クラブは民間債務を扱うが、定まった場所や事務局があるわけではない。したがって、フランクフルトや東京でも会議は開かれる。
5) 両氏はアメリカ財務長官である。
6) この提案は、1989年4月のG7会合、IMF暫定委員会、IMF・世銀合同開発委員会で支持されて、同年7月のアルシュ・サミットで追認された。
7) 1990年のポーランドとエジプトの債務残高のGNPに占める比率がそれぞれ251%、220%であったが、同年の低所得国のケニアが316%、ガーナが391%、タンザニアが1,186%であった。両国が経済外の配慮でいかに優遇されたかわかる。
8) 1999年のケルン・サミットでは二国間債務の90%削減が打ち出され、さらにG7の追加的な措置として重債務貧困国に対して100%削減が表明された。それでも不十分で2005年のグレンイーグルズ・サミットで、英国の働き掛けが功を奏し、IMF等の融資返済の免除が決定された。
9) ホームページで記者会見のビデオを視聴できるし、議事録もある。
10) Williamson (2003).
11) フランスが国際取引を保障する旧植民地のCFAフラン圏14か国も含まれている。
12) Fischer, S., "Exchange Rate Regimes: Is the Bipolar View Correct?," *Finance and Development*, June 2001.
13) コメの関税の水準が700%の日本としては、決裂で救われた格好となった。農業国フランスはEU代表と多くの点で対立しており、「合意がない方が望ましい」との論評もあった。
14) 特別措置として、以下の3つが挙げられる。①産業育成ないし国際収支圧力を理由とする関税・輸入制限（GATT協定18条）、②途上国の主要輸出品に対する先進国輸入障壁の除去（GATT協定第4部）、③途上国輸出に対する特恵関税率（GSP）。①はWTOが認める緊急輸入制限措置（セーフガード）である。
15) 筆者は両国とも現地で調査をしたことがあるが、ガボンは産油国であり、マンガンの世界有数の産出国である。ガーナは、第2次世界大戦後社会主義的な政策を実施したが大失敗に終わり、その後はIMF・世銀主導の構造改革の世界における優等生と評価が高かった。
16) LTCMは短期間に有力なファンドとなり、当時東京にも支店を持っていた。LTCMには1997年のノーベル経済学賞を受賞したショールズとマートンが所属していたが、ヘッジファンド特有の高度な金融工学と高性能のコンピュータに世界一の頭脳を加えても、破産

する可能性があることが示された。
17) 2008年7月のIMFの世界経済UPDATEに関わる記者会見で、外貨準備の大幅な減少と通貨切り下げに直面しているとの記者に対する返答があった。
18) WEO10月、アジア大洋州展望の記者会見。
19) 2006年に両者は面会して、マハティール氏の指摘は誤解があったとして、両者は和解した。
20) 『アジア動向年報 1999年版』、p.407。
21) 国際協力事業団（JICA）（1996）『マクロ経済指標マニュアル』によれば-8%は中進国の危機水準である。
22) 同様のことは、1994年のメキシコ、2001年のアルゼンチンの通貨・経済危機でも起こった。つまり、経済悪化にもかかわらず割高な水準で為替レートは維持されており、売り注文が大量に発生し、また投機に発展したのである。
23) 1995年以降の直接投資の動向をみると、中国では激増したのに対して、東南アジアの主要国では軒並み低下したのであった。

第10章

リージョナル（地域）アプローチ

1. 地域協力の重要性

　1980年代からの世界規模での経済自由化の進展の一方で、世界の各地域での地域協力が活発である。その理由としては、第1にWTOの世界規模での交渉が進まない中での地域での連帯的な取り組みである。このような地域内での政策の調和が自国の経済の安定と開発に必要であるということである。
　第2に、各国別には世界規模での競争で近隣国に遅れをとるまいとする行動である。世界規模の自由化についていくために、地域全体で一緒に対応していこうということがある。
　第3に、必ずしも世界規模でみることが適切でないことがある。ハード面ではインフラの効率的な利用であるが、市場としてみる場合も地域で見て需要や供給を考える方が企業によっては効率的であることもある。
　加えて特に取り上げたいことは、従来のカントリー（国別）アプローチからの教訓で出てきたリージョナル（地域）アプローチである。各国別にみて、各国の事情だけを斟酌しての事業（プロジェクト）や投融資は、国際的な観点からすれば不効率がありうるということである。貿易や投資のみならず、インフラを地域全体でみることが重要となっている。すなわち、各国の構造改革や経済発展を見る場合、当該国を地域全体でみるリージョナル（地域）アプロー

チが重要となっている。世界規模でみるアプローチが必ずしも最も効率的、生産的とはいえず、世界の各地域ごとにみるリージョナル（地域）アプローチがより望ましい場合がある。

以下では、まず地域協力機構・取決めを説明して、その後リージョナル・アプローチの観点から、国際金融・マクロ経済、貿易、投資、インフラをみていく。

2. 地域協力機構・取決め

表10-1は、世界の地域協力機構を示している。規模の大きいAPECは、FTAやEPZといった狭義の共同体ではない。それに対して、ラテン・アメリカの共同体の場合、域内での取り決めは比較的多い。

表10-1　地域協力機構の構成国

①アジア太平洋経済協力会議（APEC） 【参加国】21カ国・地域。日本、アメリカ、カナダ、オーストラリア、ニュージーランド、韓国、タイ、インドネシア、フィリピン、マレーシア、シンガポール、ブルネイ、中国、台湾、香港、メキシコ、パプアニューギニア、チリ、ロシア、ペルー、ベトナム。
②アンデス共同体 【加盟国】ボリビア、コロンビア、エクアドル、ペルーの4カ国。
③南米共同市場（メルコスル）（MERCOSUR） アルゼンチン、ブラジル、ウルグアイ、パラグアイ、 【加盟国】原加盟4カ国にベネズエラ（2006年7月加盟）。準加盟国にチリ、ボリビア、ペルー、コロンビア、エクアドル。
④南部アフリカ開発共同体（SADC） 【加盟国】14カ国。アンゴラ、ボツワナ、レソト、マラウイ、モザンビーク、ナミビア、ジンバブエ、南アフリカ、モーリシャス、コンゴ（97年9月加盟）、マダガスカル（2005年8月加盟）。
⑤西アフリカ諸国経済共同体（ECOWAS） 西アフリカ諸国平和維持軍（ECOMOG）を持つ。 【加盟国】15カ国。ベナン、ブイルキナファソ、コートジボワール、ガンビア、ガーナ、ギニア、ギニアビザウ、リベリア、マリ、ニジェール、ナイジェリア、セネガル、シエラレオネ、トーゴ。77年にカボベルデが加盟。2000年12月モーリタニアが脱退。

出所：共同通信社『世界年鑑2007』

3. 地域協力の現状と今後の方向

　表10-2 で貿易の動向をみると、APEC の比重が大きい。同機構はゆるやかな経済共同体である。世界の主要な経済パワーが参画しているゆえに、その規模が大きくなっている。

　それでは、以下に地域協力の主な取り組みを項目ごとに説明する。

表10-2　貿易動向（ブロック内輸出）

（単位：100万ドル）

	設立年	最新協定の発効年	タイプ	1990	2000	2003	2006	全ブロック輸出内比率（％）2006	世界輸出に占める比率（％）2006
APEC	1989			901,560	2,261,791	2,436,516	3,763,569	69.4	45.3
EEA	1994	1994	EIA	1,070,201	1,680,468	2,175,403	3,142,002	67.7	38.8
European Union	1957	1958	EIA, CU	1,022,933	1,608,174	2,087,311	2,987,188	66.2	37.7
NAFTA	1994	1994	FTA	226,273	676,141	651,060	902,085	53.8	14.0
Andean Community	1969	1988	CU	1,312	5,293	5,064	11,300	8.1	1.2
LAIA	1980	1981	PS	13,350	44,252	40,425	91,651	14.3	5.4
MERCOSUR	1991	2005	EIA	4,909	20,082	13,765	30,902	11.6	2.2
ASEAN	1967	1992	FTA	27,365	98,060	116,831	194,321	24.9	6.5
COMESA	1994	1994	FTA	1,164	1,448	2,041	3,546	3.2	0.9
ECOWAS	1975	1993	PS	1,532	2,715	3,037	5,957	8.3	0.6
SADC	1992	2000	FTA	677	4,383	5,609	8,571	9.1	0.8

出所：World Bank, *World Development Indicators 2008.*

（1）国際金融・マクロ経済

　まず全体的な枠組みとして国際金融・マクロ面をみると、国際的な資本の取引の自由化に対応するために、金融面の協力体制が構築されている。ASEAN、日本を中心とする緊急融資基金の創設である。これは、域内国が国際収支難に陥ったときに、関係国が資金を融通し合って融資をするものであ

る[1]。

この協力は、2000年以降具体化される。すなわち、アジア諸国の間で、二国間で通貨融通協定が締結されて、チェンマイ・イニシアティブと呼ばれる。2007年7月時点で、日本はASEAN4か国、中韓両国と締結済みである。2007年5月には、アジア諸国の間で、各協定を一元化する新制度創設で合意していた。

また、金融面に加えて、経済政策も議論する枠組みができた。EUのような厳しい目標設定とまではいかないが、ASEANにおいても為替レートを含むマクロ経済政策に関する意見交換が行われるようになった。

（2）貿　　易

貿易自由化の中で、関税引き下げが行われるが、近隣国との関税率の調整がある。関税引き下げ競争をしても、互いに効果が減殺されるのである。

また、IMFのマクロ安定の要諦は財政均衡化であるが、関税率の引き下げは、関税収入に大きく依存する各国の財政基盤を弱めることになる。財政改革との調整が必要となるのである。

（3）投　　資

経済自由化の中で外国投資の優遇措置がとられるが、同じ地域内の国々が、優遇措置で競争をすることの弊害が指摘されている。

外国直接投資誘致のための減免税措置は一種の補助金とみなせるが、各国が誘致競争を繰り広げるために、財政の減少、腐敗の増長、そして外資への過大な補助・依存を招くことになる。しかも、関税引き下げと同様に、各国が競って誘致措置をとることによって、効果が減ぜられる結果となっている場合も多いとみられる。

財政との関係については、企業からの所得税の喪失のみならず、各国が招聘外資のためにとる資本財などの輸入関税引き下げも悪影響を与える可能性が高い。

(4) インフラ

ラテン・アメリカやアフリカには、内陸国や小国が多い。各国の開発プロジェクトを地域規模の視点でみて、各国のプロジェクトの調整が必要である。その際のインフラでは、道路や河川交通など運輸インフラが中心であるが、各国の病院など社会インフラでも地域大で事業の調整を図るべきであるとの意見も強くなっている[2]。

アジアについては、中国を含むメコン川流域諸国により、インフラ整備で協力関係が構築された。現実には各国ベースの開発・援助で十分に実施されなかったのであるが、新たな体制では重要視されている。

注

1) アジア通貨危機以後、日本政府は「アジア通貨基金」の創設を図ったが、アメリカの反対で実現しなかった。IMF およびアメリカは、IMF を通じた世界経済への影響力が失われることを懸念し、安易な救済は IMF が進める構造改革を遅らせるとの観点から、当初こうした地域レベルの融資措置には反対した。
2) 例えば、南部アフリカの内陸国や小国は、南部アフリカ地域全体でみて各国の治療体制を構築するべきであると言われている。高度医療は南アフリカ共和国に頼ることとし、貧しい近隣国は限られた予算をそれ以下の医療施設や予防に振り向けるということである。

第11章 経済協力

第8章と第9章で国際経済・金融政策の内容と実績を扱ったが、本章ではそれらの政策に付随する経済協力を扱う。新興市場経済を正しく理解するためには、公的金融たる開発金融を含んだ広義の国際金融を理解する必要がある。

本章では、新興市場国の経済協力に焦点を当てる。未だ十分な情報が得られないが、その重要にかんがみて、経済協力と政府開発援助（ODA）の一般的な構成や内容に照らして分析を試みる。

1. 経済協力とODA

経済協力ないし開発金融に関して過去30年間弱の期間で重要であったのは、既に説明したIMF・世界銀行主導の構造改革支援の融資であった。日本は最大級の協調融資を行った国である。そして、重要な政策がその融資の政策条件であったIMF・世銀主導の構造調整計画（SAP）であった。国際金融自由化や公企業民営化などを含む広範な経済自由化が課されたのである。

表11-1は、「日本の途上国に対する資金の流れ」という表である。この表は、世界の援助を所管とするOECDの開発援助委員会（DAC）の分類である。それは、以下の構成になっている。

表 11-1 途上国への資金の流れ（日本）
(支出純額ベース、単位：100万ドル、％)

項目	暦年	1999年	2000年	2005年	2006年
政府開発援助（ODA）		15,385	13,419	13,283	11,361
（対GNI比（％））		(0.35)	(0.28)	(0.28)	(0.25)
二国間	贈　与	5,539	5,813	9,275	7,734
	無償資金協力	2,340	2,109	6,525	5,050
	技術協力	3,199	3,705	2,749	2,684
	政府貸付等	4,959	3,827	1,210	-251
	計	10,498	9,640	10,485	7,483
国際機関に対する出資・拠出等		4,888	3,779	2,799	3,878
その他政府資金（OOF）		7,718	-4,855	-2,401	3,129
	輸出信用（1年越）	-755	-1,552	-1,047	-1,248
	直接投資金融等	7,242	-3,052	-357	4,671
	国際機関への融資等	1,231	-252	-997	-294
民間資金（PF）		-3,070	6,259	22,247	25,084
	輸出信用（1年越）	-2,292	-358	-3,329	7,375
	直接投資	7,882	6,191	23,200	20,639
	その他二国間証券投資等	-4,546	478	2,295	-2,002
	国際機関への融資等	-4,114	-52	81	-928
民間非営利団体による贈与		261	231	255	315
資金の流れ総計		20,294	15,053	33,385	39,889
（対GNI比（％））		(0.45)	(0.31)	(0.72)	(0.89)
国民総所得（GNI）（億ドル）		45,559	48,076	46,611	44,860

出所：外務省『ODA白書』2007年版。

狭義の経済協力

ODA：日本のODAは二国間拠出と国際機関への拠出に分けられる。

OOF：ODAとの大きな違いは、ODA融資より金利が高いということである。また、融資の目的が、エネルギー確保や国際競争力強化となっている。

PF：民間企業の直接投資や金融機関の融資。

その他：NGOなどボランティア活動。

　日本は、ODAとOOFでSAP支援を行った。

2. 新興市場国の経済協力

新興市場国の経済協力の特殊性も明らかにするために、以下に経済協力を広義で捉えるところから始めてその現状を分析する[1]。

(1) 経済協力の広義の枠組み
まず主要な構成要素をリストアップする。

国際協力
経済協力
政治協力（外交）
軍事協力
文化協力（文化交流を含む）

中国の場合、文書に INTERNATIONAL COOPERATION とあるが、経済協力が外交などと密接にかかわっている[2]。日本政府が5年に1回開く東京アフリカ開発会議（TICAD）に対する、中国のアフリカ支援は好例である。

経済協力
狭義の経済協力（ODA など）
通商協力（FTA, EPA）
国際金融協力（通貨スワップ）
マクロ経済協力
人材交流（外国人労働者受入など生産要素）
（注：FTA：自由貿易協定、EPA：経済連携協定）

中国においては、商務省が中心に国際協力を進めている[3]。日本の過去の殖産興業に当たるとみられる。中国は、日本以上に、FTA や EPA を積極的に

他の新興市場国と結んでいる。

(2) 経済協力の実績

狭義の経済協力については、表11-1にデータを示した。国際協力の枠組みから見た経済協力や援助の理解が必要である。

中国の経済協力と、アフリカ支援の内容を表11-2と表11-3に示した。これらの金額はDAC分類とは異なるとみられる[4]。国際的に批判のあるスーダンへの援助が多い。

最後に、DACレポートにあるOECDの非メンバーないしDAC非メンバーの援助動向を、表11-4に示した。アラブ圏の国々の援助額が大きい。日本が特別の協力協定を結んでいるタイも、技術協力を中心に援助を行なってきた[5]。

表11-2 中国の海外直接投資

(単位：1万ドル)

	2005年 直接投資	2006年 直接投資	2006年 直接投資残高
合計	1,226,117	1,763,397	7,502,555
アジア	437,464	766,324	4,797,805
香港	341,970	693,096	4,226,991
日本	171	3,949	22,398
アフリカ	39,168	51,985	255,682
アルジェリア	8,487	9,893	24,737
スーダン	9,113	5,079	49,713
ギニア	1,634	75	5,463
マダガスカル	14	117	5,434
ナイジェリア	5,330	6,779	21,594
南アフリカ	4,747	4,074	16,762
ヨーロッパ	50,502	59,773	226,982
ラテンアメリカ	646,616	1,047,474	1,969,437
北アメリカ	32,084	25,805	158,702
オセアニア	20,283	12,636	93,948

出所：National Bureau of Statistics of China, *Statistical Yearbook 2007*, 2007、を利用して筆者作成。

表11-3 中国の対アフリカ援助

(単位:1万ドル)

	2005				2006			
	合計	委託プロジェクト	労働サービス	設計調査	合計	委託プロジェクト	労働サービス	設計調査
アルジェリア	106,535	105,043	1,071	421	170,724	168,609	1,017	1,098
アンゴラ	30,574	30,402	172		100,826	99,478	622	726
ボツワナ	26,531	26,384	147		22,044	21,902	140	2
コンゴ	11,550	11,371	122	57	19,290	18,543	206	541
エジプト	27,653	27,650	3		33,932	33,752	180	
ギニア	7,493	7,319	172	2	13,878	13,784	93	1
エチオピア	18,296	18,218	28	50	31,874	31,666	21	187
ガーナ	8,329	8,246	83		12,719	12,590	121	8
ケニア	3,599	3,532	67		8,352	8,237	114	1
リビア	13,221	12,787	374	60	22,971	22,535	436	
マリ	17,687	17,658	29		20,073	20,025	16	32
モロッコ	4,944	4,555	383	6	22,886	22,549	337	
モザンビーク	9,615	9,615			12,847	12,703	144	
ナイジェリア	79,992	77,435	1,742	815	114,105	110,496	1,335	2,274
スーダン	134,278	132,998	502	778	175,465	173,817	345	1,303
ザンビア	3,339	3,273	6	60	14,881	14,851	30	
コンゴ	8,314	8,271	43		16,315	16,293	2	20

出所:National Bureau of Statistics of China, *Statistical Yearbook 2007*, 2007、を利用して筆者作成。

表11-4 新興国の援助

(単位:支出純額ベース、100万ドル)

	2002	2003	2004	2005	2006	メモ:2006 ODA/GNI (%)
OECD加盟(DAC非メンバー)						
チェコ	45	91	108	135	161	0.12
ハンガリー	-	21	70	100	149	0.13
アイスランド	13	18	21	27	41	0.27
韓国	279	366	423	752	455	0.05
ポーランド	14	27	118	205	297	0.09
スロバキア	7	15	28	56	55	0.10
トルコ	73	67	339	601	714	0.18
アラブ諸国						
クウェート	20	138	161	218	158	-
サウジアラビア	2,478	2,391	1,734	1,005	2,095	-
アラブ首長国連邦	156	188	181	141	249	-
他の国						
台湾	-	-	421	483	513	0.14
イスラエル	131	112	84	95	90	0.06
タイ	-	-	-	-	74	0.04
その他	3	4	22	86	121	0.10
合計	3,218	3,436	3,712	3,905	5,172	-
フランス	5,486	7,253	8,473	10,026	10,601	
ドイツ	5,324	6,784	7,534	10,082	10,435	
日本	9,283	8,880	8,922	13,147	11,187	
イギリス	4,929	6,262	7,905	10,772	12,459	
アメリカ	13,290	16,320	19,705	27,935	23,532	

出所:OECD, *Development Cooperation 2007*.

注

1) 筆者は2008年9月に北京で調査を行なった。
2) 日本の場合、政治協力、軍事協力の比重が少ない。その後に連携を強めるようになったとみられる。発端は、1991年の湾岸戦争で90億ドル、その後の合計で130億ドル支援したが、クウエート政府の感謝決議に日本の名前がなかった。むしろ、汗を流さないと逆に批判された。
3) 2008年9月に筆者が北京で調査したが、政府系シンクタンクや政府機関での情報やデータの結果である。
4) 2008年9月に筆者が北京で面会した政府系シンクタンクの研究員も同様の見解を述べた。
5) 2008年9月に筆者は、外務省タイ国際協力庁(TICA)でインタビューを行なった。

おわりに

　本書の国比較を総括的にみると、東アジアのシンガポールと香港の競争力が高い。また、他の地域については、東欧のチェコ、ラテン・アメリカのチリが高く評価されている。それに対して、反米の政治意識の影響もあって、ラテン・アメリカ地域の他の国々の評価は低い。

　しかし、重要な視点は、上記の高ランク国は人口が比較的少ない国々であるということである。BRICsは別格としても、人口規模が大きい国の間でのより詳細な比較分析が必要であろう。その際には、「政策フレームワーク」を踏まえて経済全体の的確な理解と各主要部門・分野の競争力の把握が必要となる。

　また、欧米諸国が過大なグローバル・スタンダードを途上国に課しているという認識が必要であろう。ワシントン・コンセンサスの実施機関であるIMF・世界銀行が主導した厳しいマクロ経済安定化と急速な自由化がペース・セッターとなって、世界中の新興市場国が競争をしているのが現状である。

　さらに、近年のより重要な動きはコンディショナリティの非経済面への拡大である。欧米側の要求は、人権に加えて、報道の自由、複数政党制の採用など政治面にも及んでいるのである。

　最後に、BNPパリバ銀行の金融危機に端を発するサブプライム問題は2007年8月から始まり、2008年9月からアメリカ発の深刻な経済不況が起こっている。米欧の経済・金融の危機は新興市場国にも波及しており、本書でみたように、2008年11月末の時点で、ハンガリーとウクライナがIMFの融資を受けることとなった。同時点で、パキスタンもIMFスタッフとの間で非公式に経済安定化合意に至っていた。隣国韓国の通貨もかなりの切り下げを避けられない状況となっていた。

　1997-1998年のアジア通貨・金融危機では、国際資本の巨大な流出が危機を招いたとして、「21世紀型の危機」と呼ばれた。当時、1980年代初めからの

経済自由化の延長での国際金融自由化の反動であるとして、IMF も含めて関係者の反省があったはずである。しかるに、それから 10 年後に、その後も金融自由化の徹底化を進めたアメリカ自らが大きな危機を迎えることとなった。今後より多くの新興市場国が影響を受けるものとみられる。

2009 年 5 月

著　者

特　集

A. 南アフリカ共和国でのフィールド調査結果（2008年9月）「資源価格高で潤う南アフリカ」

政治危機下の冷徹な分析を

9月21日、南アフリカ共和国のムベキ大統領が2009年4月の任期満了以前の辞職を強いられた。その2日後には閣僚の3分の1が抗議の辞職を行った。1994年のマンデラ大統領就任からの黒人多数派政権下で、最大の政治危機を迎えたといわれる。前年12月の与党、アフリカ民族会議（ANC）大会で左翼グループのズマ氏が党書記長職を奪い次期大統領は確実視されている中で起きたANC内での激しい権力闘争の結果である。

前年12月の大統領選後のケニアでの民族間殺戮、本年3月の隣国ジンバブエにおける大統領選後の混乱、5月の南アフリカ国内での外国人排斥暴動があっただけに、ブラック・アフリカGDPの4割を占める大国南アフリカの将来を巡って多くの報道がなされている。

しかし、国際的な格付機関はいたって冷静である。フィッチ、ムーディーズなど3社は、同国の格付を当面維持すると発表している。同国の経済力の強さを評価しているのである。

オランダ系移民430万人を含む4,700万人（2007年）の南アフリカは世界随一の鉱物資源国である。2006年時点の埋蔵量の世界に占める比率は、白金族（プラチナなど）が88%、マンガン77%、クローム72%、金40%。ダイヤモンドの生産は世界5位（シェア9%）、鉄鉱石は第8位である。

その他の希少資源も豊富で、埋蔵量が32%を占めるバナジウムの生産は40%を占める。この金属は自動車や飛行機の建造に欠かせないが、南アフリカに加えて中ロで世界生産のほとんどを占めており、日本の資源調達上きわめて

重要な国である。

　2005年と2006年は日本が同国輸出の第1位を占めている。2007年の日本の輸入内訳については、プラチナなど非鉄金属が6割を占める。金属原料では、鉄鉱、フェロクロームが大幅に増加した。同年のフェロバナジウムの輸入は、57％が南アフリカからである。

　また、同国の資源に加えて、大きな国内市場、そして他のアフリカ諸国への足場として、日本企業を含む多国籍企業が直接投資の面でもしのぎを削っている。世界の大手の自動車各社が結集し、ベンツ車も日本に常時輸入されている。

　トヨタが大規模な生産拡大を目指すことに伴ってトヨタ織機など関連部品メーカーがこぞって進出している。そして、トヨタ通商や三井物産は、新日鉄の3倍の生産量を誇る世界最大の鉄鋼会社であるアルセロール・ミッタル社と合弁会社を設立した。

　昨今、高い成長率を実現しているアフリカ地域は資源確保上重要性を増しているが、世界随一の鉱山会社であるアングロ・アメリカン社は本部をロンドンに移して、世界中で展開している。例えば、同グループのアングロ・ゴールド社は、西アフリカのガーナ内陸のアシャンティ地域の金採掘の合弁事業を開始して、2004年にアングロゴールド・アシャンティ社となった。

　さらに、証券投資の面でも重要な新興市場経済である。株式市場の時価総額は世界で20位内であり、日本からの投資も近年活発である。本邦有力証券会社（野村證券）は本年にアフリカ株式投信を開始したが、そのほとんどは南ア企業への投資である。本年3月パリで、BNPパリバ銀行でインタビューを行ったが、日本のようなアフリカに特化した投信は発行していなかった。

　本年9月に筆者は南アフリカを訪問し、主に証券投資について財務省債券部シニア・アナリストと討論したが、2006年12月に、他の格付け機関に先駆けて格付投資情報センター（R&I）が同国国債の格付けをBBBプラスからAマイナス（安定的）へ変更し、新興市場国の中で最も高い評価を示していることに満足感を示していた。

　約30の新興市場国・地域の中で、極東アジア諸国を除くとAランクの国は

少ない。南アフリカは、発展段階の高いチェコやポーランドと並ぶ高い評価を受けている。

マクロ安定をベースに株価上昇

より詳細に経済をみると、同国の一人当たり所得は名目で5,390USドル（2006年）である。筆者の推計では、白人を中心とする最富裕層10%（470万人）の名目所得の平均は2万4千ドル。人口1千万ほどは1万5千ドル程度の所得水準にある。

マクロ経済の趨勢をみると、2003年の米国のイラク進攻後の石油・資源価格の上昇の恩恵を受けている。経済成長率は2004-2006年に年率5%強を記録した。

人口比率80%の黒人に対する貧困対策もある程度の成果を上げて、黒人の間で中間層が拡大している。反アパルトヘイト闘争で有名なソエトのショッピングモールはにぎわっている。

財政収支は2005年に赤字を対GDP比1%未満として、2006年からは黒字となっている。

インフレ率は、2004-2007年の平均が4%と安定している。2000年より導入されたインフレターゲティングの政策は遵守されており、マクロ経済運営は健全である。

本年5月発行のIMDの世界競争力年鑑では、先進国を含む55か国のうち、財政政策が8位、価格が13位と高い評価を受けている。

通貨ランドは2004-2007年で1ランドが17円程度で安定している。第2次世界大戦後のブレトンウッズ体制をIMFとともに支えてきた世界銀行が発行する債券は、常に最上位のトリプルAであるが、同銀は南アフリカ・ランド建ての債券を発行している。2008年は3回公募され、日本でも毎月利払い形式の債券が9月に完売した。北欧の公社もランド建てで起債している。

銀行間レートは2007年平均で9.22%と、全体的に金利水準は高い。国債利回りは7.99%である。

セクター別にみると、GDPに対する鉱物部門の寄与は小さくなったが、大

きな国内市場と東アフリカまで商品が浸透している製造業が取って代わった。

そして、2006年には製造業を抜いて最大のセクターとなった金融部門においては、2005年にイギリスバークレー銀行が大手銀行ABSAを買収した（2007年末に59%の株所有）。2007年には中国工商銀行が、スタンダード銀行への20%の資本参加を発表した。スダンダード銀行は、前年ナイジェリアとトルコの銀行の株式の半数以上を取得していた。

株価は近年の資源価格の上昇を主な要因として大きく上昇してきた。2007年のヨハネスブルグ市場の株価は全体的に2004年の2.5倍に達している。

企業別にみると、既述の投信の10%以上を占めるサソル社は同国最大のエネルギー関連の持ち株会社であるが、同期間において株価は3.5倍になった。また、サブプライム問題、9月のアメリカ証券の合併などの影響を受けず、本年9月26日の水準は3.8倍となっている。

同じく10%以上のMTNはアフリカを代表する通信会社であるが、本年9月末までには3.2倍になっている。

また、アルセロール・ミッタル社は金・ダイヤの採掘で有名なキンバリー市に本拠を構えているが、2004-2007年で株価は5倍、9月26日ではさらに上昇しており6倍となっている。

アングロ・アメリカンや同グループのアングロ・プラチナ社については、3倍の株価の上昇となっている。

地域大の視点も必要

面会したウィッツウォータース大学教授（白人）は、既述の財務省の見解に真っ向反論した。今後の制約要因としては、国際経常収支赤字（2006-2007年の対GDP比率7%）、国内の所得格差、労働市場の硬直化、技能レベルの低さ、白人の流出、電力不足が挙げられた。

ジニ係数は2000年に58で、ブラジルと並んで世界でも最も所得格差が大きい国のひとつである。東南アジアで高いフィリピンは44でしかない。

失業率は25%と高く、人口300万人強の商工業都市ヨハネスブルグの犯罪率の高さは有名である。9月26日には日本人会社員が、空港到着直後に誘拐

された。

　しかしながら、世界の投融資家は、同国の国際標準のビジネス環境の整備とガバナンスの高さを土台とした同国経済の底力を評価している。先進国並みのインフラも整っており、例えばコンテナー取扱高は世界で 26 位〈2005 年〉。世界市場から離れているにもかかわらず、先進工業国と BRICs を除けば、インドネシア、タイ、フィリピン、トルコ、パナマに次ぐ地位を占める。

　ダボス会議で有名な世界経済フォーラムが昨秋発行したグローバル競争力レポートによれば、南アフリカは 131 か国うち 44 位であり、インドやハンガリーと同程度に位置づけられている。54 位のインドネシアより評価されている。

　また、世界銀行が発行するビジネス競争力レポートは、ビジネスチャンスから政府の規制まで、詳しくは許認可の日数や腐敗の程度まで駆使して、世界の国々を比較している。その 2008 年版によれば、同国は、世界 178 か国中、35 位と高く評価されている。韓国やチリと同程度にビジネス面での競争力が高いのである。例えば、賄賂の要求は新興市場経済では例外的に非常に少ない。

　南アフリカでは 2010 年 6-7 月のサッカーのワールドカップの開催に向けて、今後の経済の拡大が期待される。冒頭に述べた政治面の不安があるとはいえ、サソル社の分析レポートを読むと冷徹な拡大見通しを立てている。スーダンなどでも展開している MTN など、世界市場に加えてアフリカのリスク下でしたたかに活動する多国籍企業が基盤を置く南アフリカ経済を重要な投資先として注目していく必要がある。

　最後に、南アフリカは、同様に資源の豊富な近隣国の拠点として重要である。衛星国であるナミビア（ダイヤモンドの世界生産 20%弱）などに加えて、面会した外務省によれば、大規模プロジェクトが目白押しである。ヨハネスブルグから、天然ガスや鉱物資源が豊富なモザンビークの首都に至るマプト回廊開発計画は第 2 フェーズを迎えて、日本企業の投資も行われている。さらに、コバルトの生産・埋蔵量の 4 割を占めるコッパーベルトのコンゴを巻き込んだ地域開発計画プロジェクトがある。

B. フィリピンの投資動向

2008年3月4日に東京で、フィリピン投資セミナーが開催された。東京所在の国際機関日本アセアンセンターと駐日フィリピン大使館の共催であった。駐日大使の挨拶、国際的な投融資家の意見を収録したビデオ放映の後に、財務省長官（大臣）、フィリピン中央銀行総裁、貿易産業省長官（大臣）、フィリピン経済区長官代理による報告があった。

セミナーの共通のテーマは「Defying gravity. Rising steadily.」。世界市場におけるサブプライムによる景気後退にかかわらず、順調に成長していることを強調したものである。ビデオもそれをテーマにしており、国際的なオブザーバー（外銀（ドイツ銀）、評価会社、IMFなど）の高い評価がちりばめられていた。

報告の概要としては、2007年の経済成長率が7.3%と、近年で、最高を記録した。インフレ率は2.8%、財政総合赤字のGDPに占める比率が-0.1%と、極めて良好なマクロ経済結果が示された。財政赤字の縮小により金利低下と貯蓄率上昇が投資環境に大きく貢献した。外資が2006年に200億ペソ、2007年9月までにすでに345億ペソに達した。

輸出構造の多様化も実現している（IMF）。経済産業省の2007年のデータでは、半導体が47.0%、その他電子機器が17.0%、衣料4.6%となっている。

将来について、ビデオの外国人のオブザーバーは、マクロ経済のパフォーマンスのよさに加えて、人的能力の高さを一様に挙げていた。

駐日大使は、ASEAN市場を視野にフィリピンに投資することを強調した。2010年に関税率0、2015年には後発国も完全に自由市場になる。

懸案の経済連携協定（EPA）は2006年9月に署名、上院で審議中である。

付　　録

A. IMF統計の入手法

　International Financial Statistics（IFS）は、国際通貨基金（IMF）が発行する国際金融統計である。ジェトロ・ライブラリー、JICA図書館、アジア経済研究所、大きな大学の図書館で閲覧できる。また、IFSの購入機関で、統計をEXCELにダウンロードできる。

　国一覧表（World Tables）と各国統計（Country Tables）に分かれる。年鑑と月鑑があり、前者の国一覧表では集計に比較的時間がかかるGDP、その支出項目、国際収支などが載っている。後者には「通貨の番人」IMFが注視する為替レート、金利、消費者物価指数のデータが2、3か月遅れで掲載されている。これらの指標は、年鑑でも年次データとして載っている。一番多いデータは金融統計である。

　入手方法：IFS入手のステップは以下のとおり。

IMFのホームページに入る。www.imf.org
　↓
1ページ目の右端のindex（目次）をクリック。
　↓
IndexのIFS onlineをクリック。International Financial Statisticsのページが出てくる。
　↓
IFS onlineのホームページの左上に統計の対象年がある。それを変更する場合、changeをクリックする。開始年と終了年を入力すると、例えば50年代からのデータも入手できる。月、四半期ごとのデータも選べる。

↓
画面左で「Country Tables」や「World Tables」をクリックして選ぶ。
　　↓
ホームページ右上の retrieve をクリックすると、すべての統計をダウンロードできる。そうしないと一部の統計しか画面に表れない。
　　↓
データ・ファイルのリストが出てくるので、Excel file を選ぶと統計が Excel 形式で入手できる。

B. IMF ホームページのビデオの利用法

以下に具体的な例を挙げて、IMF のビデオの利用方法を説明する。

VIDEO 1 World Economic Outlook （WEO）
Press Conference in Washington D. C. at 9:00 a. m. on Oct. 8, 2008
http://www.imf.org/external/mmedia/view.asp?eventID=1254

IMF の「世界経済見通し」の記者会見の模様を見ることができる。記者とのやり取りが興味深い。

　入手ステップ
　www.imf.org → site index → Annual Meetings → 2008 Annual Meeting → Schedule of Events

例えば、記者会見の最初の IMF 調査局長のブリーフィングで、世界経済が 2009 年には 3％に減速することがわかる。また、35 分 30 秒当たりから CHINA BUSINESS NEWS の女性の記者が、アメリカの株価暴落の意味を問いただしている。

VIDEO 2 Regular Press Briefing by David Hawley, Senior Advisor, External Relations Department, IMF
Washington, DC, on October 30, 2008
http://www.imf.org/external/mmedia/view.asp?eventID=1299

IMF広報官による記者会見の模様を見れる。上記では、ハンガリー、ウクライナ、パキスタンに対する融資の進捗が問いただされ、IMFの政策条件の厳しさに関して突っ込んだ質問がなされている。

　入手ステップ
www.imf.org → site index → webcast

VIDEO 3 Keeping Track-IMF's Oversight of the Global Economy
http://www.imf.org/external/mmedia/view1.asp?eventId=51&file=1

IMFの活動を知るためのビデオである。

　入手ステップ
www.imf.org → site index → video

C. 世界銀行の資料の入手法

　世界銀行本部
　URL：www.worldbank.org
　フロント・ページの右上に主なメニューがあるが、アルファベット順であればSite index、トピックで検索するのであればSite mapを選ぶ。しかし、Site indexの下にあるgoogleの方がより使いやすい。

世界銀行発行のドキュメントやレポート

基本的入手方法

フロント・ページ上のPublicationsをクリック。次に、Documents & Reportsをクリック。最後に、Advanced Search-All Documentsをクリックすると、タイトルや著者などで検索ができる。

有用な文書は以下のとおりである。

① Global Development Finance (GDF)（世界開発金融）

途上国に対する資金の流れを総括的に分析。2巻に分かれ、国別を含む詳細なデータがある。第1巻はダウンロードできる。第2巻の国別統計をよく使うが、限られた国しかダウンロードできない。

② World Development Report（世界開発報告）

特定テーマを決めた開発現況と今後の方向を分析。基礎的な統計がよく使われる。多くの大学院などで教材として使用されている。日本語版も毎年刊行される。

③ World Development Indicators（世界経済・社会統計）

膨大なデータが、国別に入手できる。国一覧表となっている。各国のすべての指標が入手できる。

大部のこの統計書の統計全部をダウンロードするには、上記の世銀内のgoogle検索の方がヒットする。

④ 評価レポート

世銀総裁に直接諮問する局で、業務局の実施プロジェクトの事後評価を行う。トピックで検索する。

入手方法：IndexでIndependent Evaluation Group (IEG)をクリックする。

D. 地域別・国別情報

付表1　コンテナ取扱量

		2005TEU			2005TEU
1	中国	88,548,473	19	オーストラリア	4,830,254
2	アメリカ	38,519,037	20	カナダ	4,163,424
3	シンガポール	23,192,200	21	フランス	3,839,739
4	日本	16,777,407	22	エジプト	3,690,691
5	韓国	15,113,275	23	フィリピン	3,633,559
6	ドイツ	13,507,039	24	トルコ	3,170,357
7	台湾	12,791,429	25	パナマ	3,067,637
8	マレーシア	12,027,045	26	南アフリカ	2,867,909
9	イタリア	9,855,451	27	オマーン	2,727,341
10	アラブ首長国連邦	9,845,930	28	ベトナム	2,694,170
11	オランダ	9,520,844	29	スリランカ	2,455,297
12	スペイン	9,170,109	30	メキシコ	2,145,238
13	イギリス	8,598,891		チリ	1,813,173
14	ベルギー	7,889,994		ロシア	1,802,645
15	ブラジル	5,598,110		パキスタン	1,390,827
16	インドネシア	5,503,176		アルゼンチン	1,195,530
17	タイ	5,115,213		コロンビア	1,165,255
18	インド	4,938,226		ベネズエラ	1,120,492
				ペルー	991,681

出所：International Association of Ports and Harbours.

付表 2 中国の地域経済

省・自治区	英語名	人口(万人) 2006	GDP(億元) 2006	一人当たりGDP (US$) 2006	名目GDPの地域別割合 (%) 2001	2002	2003	2004	2005	2006	実質GDPの対前年比成長率 (%) 2002	2003	2004	2005	2006
1 北京	Beijing	1,581	7,870	4,978	3.4	3.6	3.6	3.6	3.5	3.4	11.5	11	14.1	11.8	12.8
2 天津	Tianjin	1,075	4,359	4,055	1.8	1.8	1.8	1.9	1.9	1.9	12.7	14.8	15.8	14.7	14.5
3 河北	Hebei	6,898	11,660	1,690	5.1	5.0	5.0	5.1	5.1	5.0	9.6	11.6	12.9	13.4	13.4
4 山西	Shanxi	3,375	4,753	1,408	1.9	1.9	2.1	2.1	2.1	2.1	12.9	14.9	15.2	12.6	11.8
5 内蒙古自治区	Inner Mongolia	2,397	4,791	1,999	1.6	1.6	1.7	1.8	2.0	2.1	13.2	17.6	20.9	23.8	18.7
6 遼寧	Liaoning	4,271	9,251	2,166	4.6	4.5	4.3	4.0	4.0	4.0	10.2	11.5	12.8	12.3	13.8
7 吉林	Jilin	2,723	4,275	1,570	2.0	1.9	1.9	1.9	1.8	1.9	9.5	10.2	12.2	12.1	15.0
8 黒龍江	Heilongjiang	3,823	6,189	1,619	3.1	3.0	2.9	2.8	2.8	2.7	10.2	10.2	11.7	11.6	12.1
9 上海	Shanghai	1,815	10,366	5,711	4.8	4.8	4.8	4.8	4.6	4.5	11.3	12.3	14.2	11.1	12.0
10 江蘇	Jiangsu	7,550	21,645	2,867	8.7	8.8	8.9	9.0	9.3	9.4	11.7	13.6	14.8	14.5	14.9
11 浙江	Zhejiang	4,980	15,743	3,161	6.4	6.6	7.0	7.0	6.8	6.8	12.6	14.7	14.5	12.8	13.9
12 安徽	Anhui	6,110	6,149	1,006	3.0	2.9	2.8	2.8	2.7	2.7	9.6	9.4	13.3	11.6	12.8
13 福建	Fujian	3,558	7,615	2,140	3.8	3.7	3.6	3.4	3.3	3.3	10.2	11.5	11.8	11.6	14.8
14 江西	Jiangxi	4,339	4,671	1,076	2.0	2.0	2.1	2.1	2.1	2.0	10.5	13.0	13.2	12.8	12.3
15 山東	Shandong	9,309	22,077	2,372	8.5	8.5	8.7	9.0	9.4	9.6	11.7	13.4	15.4	15.2	14.8
16 河南	Henan	9,392	12,496	1,330	5.1	5.0	4.9	5.1	5.4	5.4	9.5	10.7	13.7	14.2	14.4
17 湖北	Hubei	5,693	7,581	1,332	3.6	3.5	3.4	3.4	3.3	3.3	9.2	9.7	11.2	12.1	13.2
18 湖南	Hunan	6,342	7,569	1,193	3.5	3.4	3.3	3.4	3.3	3.3	9.0	9.6	12.1	11.6	12.2
19 広東	Guangdong	9,304	26,204	2,816	11.1	11.2	11.4	11.3	11.3	11.3	12.4	14.8	14.8	13.8	14.6
20 広西壮自治区	Guangxi	4,719	4,829	1,023	2.1	2.1	2.0	2.0	2.1	2.1	10.6	10.2	11.8	13.2	13.6
21 海南	Hainan	836	1,053	1,259	0.5	0.5	0.5	0.5	0.5	0.5	9.6	10.6	10.7	10.2	12.5
22 重慶	Chongqing	2,808	3,492	1,243	1.6	1.7	1.6	1.6	1.6	1.5	10.2	11.5	12.2	11.5	12.2
23 四川	Sichuan	8,169	8,638	1,057	4.0	3.9	3.8	3.8	3.7	3.7	10.3	11.3	12.7	12.6	13.3
24 貴州	Guizhou	3,757	2,282	607	1.0	1.0	1.0	1.0	1.0	1.0	9.1	10.1	11.4	11.6	11.6
25 雲南	Yunnan	4,483	4,007	894	2.0	1.9	1.8	1.8	1.8	1.7	9.0	8.8	11.3	9.0	11.9
26 チベット自治区	Tibet	281	291	1,036	0.1	0.1	0.1	0.1	0.1	0.1	12.9	12.0	12.1	12.1	13.3
27 陝西	Shanxi	3,735	4,524	1,211	1.9	1.9	1.9	1.9	1.9	2.0	11.1	11.8	12.9	12.6	12.8
28 甘粛	Gansu	2,606	2,277	874	1.0	1.0	1.0	1.0	1.0	1.0	9.9	10.7	11.5	11.8	11.5
29 青海	Qinghai	548	642	1,171	0.3	0.3	0.3	0.3	0.3	0.3	12.1	11.9	12.3	12.2	12.2
30 寧夏回族自治区	Ningxia	604	711	1,177	0.3	0.3	0.3	0.3	0.3	0.3	10.2	12.7	11.2	10.9	12.7
31 新疆ウイグル自治区	Xinjiang	2,050	3,045	1,485	1.4	1.3	1.4	1.3	1.3	1.3	8.2	11.2	11.4	10.9	11.0
全国（合計）		129,131	231,053		100.0	100.0	100.0	100.0	100.0	100.0					
全国（単純平均）				1,856							10.7	11.8	13.1	12.7	13.2

出所：National Bureau of Statistics of China, *Statistical Yearbook 2007*, を利用して筆者作成。

付表3 中国の主要港の取扱量

(単位:万トン)

海港	1985	1990	1995	2000	2002	2003	2004	2005	2006
全国	31,154	48,321	80,166	125,603	166,628	201,126	246,074	292,777	342,191
大連 (Dalian)	4,381	4,952	6,417	9,084	10,851	12,602	14,516	17,085	20,046
秦皇島 (Qinhuangdao)	4,419	6,945	8,382	9,743	11,167	12,562	15,037	16,900	20,489
天津 (Tianjin)	1,856	2,063	5,787	9,566	12,906	16,182	20,619	24,069	25,760
青島 (Qingdao)	2,611	3,034	5,103	8,636	12,213	14,090	16,265	18,678	22,415
上海 (Shanghai)	11,291	13,959	16,567	20,440	26,384	31,621	37,896	44,317	47,040
寧波 (Ningbo)	1,040	2,554	6,853	11,547	15,398	18,543	22,586	26,881	30,969
広州 (Guangzhou)	1,772	4,163	7,299	11,128	15,324	17,187	21,520	25,036	30,282
湛江 (Zhanjiang)	1,231	1,557	1,885	2,038	2,627	2,866	3,780	4,647	5,664

出所:National Statistical Bureau of China, *Statistical Yearbook 2007*.

付表4 構造改革スコア(東欧)

移行指標スコア

	人口 (百万人)	民間比率 対GDP比	企業 大規模民営化	企業 小規模民営化	ガバナンス 企業改革	価格自由化	貿易・外国 為替体制	競争政策	銀行改革、金利自由化	証券市場 ノンバンク	インフラ インフラ改革
チェコ	10.3	80	4	4+	3+	4+	4+	3	4	4-	3+
ハンガリー	10.1	80	4	4+	4-	4+	4+	3+	4	4	4-
ポーランド	38.1	75	3+	4+	4-	4+	4+	3+	4-	4-	3+
ルーマニア	21.7	70	4-	4-	3-	4+	4+	3-	3+	3-	3+
ロシア	144.1	65	3	4	2+	4	3+	2+	3-	3	3-

インフラ改革スコア

	電力	鉄道	道路	通信	水・排水	総合
チェコ	3+	3	3	4+	4	3+
ハンガリー	4	4	3+	4	4	4-
ポーランド	3+	4	3	4	3+	3+
ルーマニア	4-	4	3	3+	3+	3+
ロシア	3	3+	2+	3	2+	3-

出所:European Bank for Reconstruction and Development, *Transition Report 2007*.

付表5 アフリカの資源の生産高

	クロム (千トン)		コバルト (トン)		銅 (千トン)		ダイアモンド (未加工) (百万カラット)		金 (トン)		マンガン (千トン)		原油 (天然ガス等含む) (千トン)	
	2004	2005	2004	2005	2004	2005	2004	2005	2004	2005	2004	2005	2004	2005
世界	17,700	19,300	57,100	57,900	14,700	15,100	181.2	183.0	2,550.5	2,471.1	9,630	10,500	3,896,800	3,914,100
アフリカ	8,449	8,485	32,842	33,550	541	529			546.8	530.0	3,520	4,003	467,200	473,700
アルジェリア													86,500	86,200
アンゴラ													60,700	69,400
ボツワナ							6.1	6.2						
カメルーン							31.1	31.9					3,000	3,200
コンゴ			20,500	22,000									12,700	13,500
エジプト							30.9	30.3					33,900	33,000
ガボン									62.5	70.2	1,090	1,290	11,700	11,600
ガーナ									46.1	54.0	525	613		
リビア													82,100	85,600
ナイジェリア													125,400	119,200
南アフリカ	7,677	7,503	460	400	121	104	14.3	15.2	315.1	291.8	1,905	2,100		
タンザニア									48.9	44.2				
ザンビア	668	820	10,000	9,300	344	330			19.5	16.8				
ジンバブエ														
その他地域														
オーストラリア	593	677	6,700	6,000			43.3	40.0	263.0	244.5	1,327	1,450	144,900	151,300
ブラジル			1,236	1,200							1,346	1,529		
カナダ			5,060	5,533	3,776	3,736			229.8	247.2	1,100	1,100	180,800	183,700
中国	200	200											207,300	209,800
イラン													90,000	98,100
イラク														
インドネシア	2,949	3,255			840	1,065			166.4	114.1			130,100	133,200
クウェート					334	350							187,100	183,100
メキシコ													138,200	128,700
ノルウェー					869	844			207.8	203.3				
ペルー					531	523								
ポーランド														
カザフスタン	3,267	3,579	4,700	5,000	675	700	35.6	38.0	175.4	172.8			470,000	480,500
ロシア	320	772											526,800	514,600
サウジアラビア													129,000	138,300
アラブ首長国													84,700	76,600
イギリス													313,300	311,800
アメリカ	506	859											151,000	145,100
ベネズエラ														

原資料：*US Geological Survey.*（クロム、コバルト、銅、ダイアモンド、マンガン）Gold Fields Mineral Services Ltd.（金）BP, *Statistical Review of World Energy 2007.*（原油）
出所：Routledge, *Africa South of the Sahara.*

付表6　南アフリカの鉱山会社

	資本金 百万USドル	売上高 百万USドル	雇用者数 （人）	対象年月
Anglo American Corpn of South Africa Ltd,		19,245		1999
Anglo Gold	3,679		93,000	Dec-98
Anglovaal Mining	514	409	70,000	Jun-99
De Beers Consolidated Mines	3,963	2,708	14,000	Dec-98
Gencor	683	420		Jun-98
Gold Fields of South Africa	221	33		Jun-99
JCI Gold	256	17		Mar-99
Palabora Mining Co. Ltd.	2	171	2,000	Dec-01
Randgold and Exploration Co. Ltd.	50	50		Mar-99

注：1）Anglo American 以外の資本金、売上高は IMF 統計の為替レートを利用して計算した。
　　2）Anglo American の売上高はグループ全体の値。
出所：*Africa South of the Sahara 2008*, Routledge, 2007.

付表7　南アフリカ企業の株価

	分野	時価総額 2008.3.31 10億ランド	野村證券の 「アフリカ投信」における比率、%	2004 6月、 確定	2005 6月、 確定	2006 6月、 確定	2007 6月、 確定	2008 12月、 推定	2008 9月 26日
Sasol	エネルギー	243	13.7	96.1	180.8	275.0	266.0	339.0	365.0
MTN Group	通信	228	12.8	33.0	44.0	62.2	85.3	128.1	105.5
Standard Bank Group	金融	135	6.2	39.2	65.8	75.8	94.5	100.1	88.5
ArcelorMittal South Africa	鉄鋼	88	4.9	28.8	65.5	61.3	98.3	136.5	173.2
Impala	鉱業	197	4.8	58.9	74.6	165.0	216.0	237.3	162.0
Absa	金融	69	…	46.6	75.4	101.0	125.1	111.0	109.0
Anglo American	鉱業	645	…	164.7	196.2	240.4	387.4	501.0	297.9
Anglogold	鉱業	75	…	314.0	199.0	314.0	330.0	293.0	200.0
Angloplatinum	鉱業	280	…	291.5	207.5	457.0	856.0	1010.1	766.0
全企業				132.2	175.2	248.3	329.9		

出所：Investec, *Stock Exchange Handbook June 2008-September 2008*、野村證券「アフリカ投信」パンフレット、*Financial Times*, を利用して筆者作成。

参 考 文 献

[外国語文献]

Cornia, G. et al. (1987), *Adjustment with a human face: Protecting the vulnerable and promoting growth, A study by UNICEF*.

Edwards, S. (ed.) (2007), *Capital Controls and Capital Flows in Emerging Economies*, National Bureau of Economic Research.

FMI (IMF) (1997), *FMI Bulletin*, (11 aout) (IMF Surveyの仏語版、1997年8月11日号)

Goldman Sachs (2003), *Dreaming with BRICS: The path to 2050*, Global Economics Paper No: 99.

Goldsbrough, D. et al. (IMF) (1996), *Reinvigorating Growth in Developing Countries: Lessons from Adjustment Policies in Eight Countries*, Occasional Paper No.139.

Goldsbrough, D. et al. (IMF) (2002), IMF (2002), "Prolonged Use of IMF Loans," *Finance and Development*.

Gould J. (ed.) (2005), *The New Conditionality: The Politics of Poverty Reduction Strategies*, Zed Books.

Harrigan, J. (1996), "Review Article-The Bretton Woods Institutions in Developing Countries: Betes Noires or Toothless Tigers?," *The World Economy*, Vol.19, No.6, (Nov).

International Monetary Fund (IMF) (1999), Philippines: Selected Issues, *IMF Staff Country Report* No.99/92.

IMF (Independent Evaluation Office) (2002), *Evaluation of Prolonged Use of IMF Resources: Evaluation Report 2002*.

IMF (2006), *IMF in Focus*, September.

IMF/World Bank (2004), Summaries of ten country case studies undertaken as part of the IEO evaluation of the PRSP/PRGF and OED review of the poverty reduction strategy (PRS) process.

Institute of Development Studies (IDS) (1996), *IDS Bulletin*, Vol. 27, No.4. (A special issue of "Evaluating Programmed Aid").

Jolly, R. (1991), "Adjustment with a Human Face: A UNICEF Record and Perspective on the 1980s," *World Development*, Vol.19, No.12, (Dec.).

Killick, T. (1995), *IMF Programmes in Developing Countries: Design and Impact*, Overseas Development Institute/Routledge.

Killick, T. (1996), "Principals, Agents and the Limitations of BWI Conditionality," *The*

参考文献 175

World Economy.
Koeberle, S. et al. (2005), *Budget Support as More Effective Aid?: Recent Experiences and Emerging Lessons* (Practitioners' Forum on Budget Support), World Bank
Mills, C.A. et al. (1992), *Analytical Approaches to Stabilization and Adjustment programs*, EDI Seminar Paper No.44, World Bank.
Ministry of Planning (Cambodia) (1999), *Public investment programme*.
Mosley, P. (1991), "The Philippines," *Aid and Power: The World Bank and Policy-based Lending*, Volume 2, Country Studies Routledge, pp.39-71.
Mosley, P., Harrigan, J. and Toye J. (1991), *Aid and Power: The World Bank and Policy-based Lending*, Volume 1 Analysis and Policy Proposals, Routledge.
Overseas Economic Cooperation Fund (1991), "Issues Related to the World Bank's Approach to Structural Adjustment: a proposal from a major partner," OECF Occasional Paper No.1.
Oyejide (2000), "Agriculture in the Millennium Round of Multilateral Trade Negotiations: African Interests and Options," in Merlinda D. et al., *Agricultural Trade Liberalization in a New Trade Round: Perspectives of Developing Countries and Transition Economies*, World Bank Discussion Papers 418.
Paloni, (ed.) (2006), *The IMF, World Bank and Policy Reform*, Routledge.
Roberts, I. et al. (2000), "The Dynamics of Multilateral Agricultural Policy Reform," p.155, in Merlinda D. et al., *Agricultural Trade Liberalization in a New Trade Round: Perspectives of Developing Countries and Transition Economies*, World Bank Discussion Papers 418.
Rodlauer, M. et al. (2000), *Philippines: Toward Sustainable and Rapid Growth Recent Developments and the Agenda Ahead*, International Monetary Fund Washington DC.
Sakamoto, Koichi (1996), "Balance of Payments Support Aid in Japan: Evolution and Evaluation," *IDS Bulletin*, Vol. 27, No.4.
Schadler, S. et al. (IMF) (1993), *Economic Adjustment in Low-Income Countries: Experience under the Enhanced Structural Adjustment Facility*, Sept. Occasional Paper No.106.
UNICEF (1988), *Adjustment with a human face: Country Case Studies*.
United Nations Economic Commission for Africa (1989), *African Alternative Framework to Structural Adjustment Programmes for Socio-Economic Recovery and Transformation*.
White, H. (1996), "Macro-economic Evaluation of Programme Aid: A Conceptual Framework," in Institute of Development Studies (IDS), *IDS Bulletin*, Vol. 27, No.4 (a

special issue of "Evaluating Programme Aid").
White, H. and Dijkstra, G. (2003), *Programme Aid and Development: Beyond Conditionality*, Routledge.
Williamson, J. (2003), "From Reform Agenda to Damaged Brand Name," *Finance and Development*, September 2003.
World Bank (1981), *Accelerated Development in Sub-Saharan Africa: an Agenda for Action*, October.
World Bank (1988), *Adjustment Lending: An Evaluation of Ten Years of Experience*.
World Bank (1993), *The East Asian Miracle: Economic Growth and Public Sector Development*, Policy Research Report, Oxford University Press.（邦訳：世界銀行『東アジアの奇跡』）.
World Bank (1994), *Adjustment in Africa*.
World Bank (1996), "Best Practice in Sector Investment Programs," *Findings*, December 1996.
World Bank (2001), *Adjustment lending Retrospective*.
World Bank (2005), *Review of World Bank Conditionality*.

[邦語文献]
有吉章編（2003）『図説 国際金融 2003 年版』財形詳報社。
石川滋（1994）「構造調整―世銀方式の再検討」アジア経済研究所『アジア経済』35 巻 11 号。
石川滋編（1996）『開発協力政策の理論的研究』アジア経済研究所。
岩本武和他（2007）『グローバル・エコノミー』有斐閣アルマ。
絵所秀紀（1991）『開発経済学：形成と展開』法政大学出版局。
大野健一（2002）『途上国のグローバリゼーション』東洋経済新報社。
小川英治（2002）『国際金融入門』日経文庫。
外務省（2005）『調整融資のレビュー―構造調整借款及びセクター調整借款の概観―』報告書、平成 16 年度外務省第三者評価、平成 17 年 3 月。
川中豪他編（2004）『民主化後のフィリピン政治経済資料集』アジア経済研究所。
国際協力事業団（1996）『マクロ経済指標マニュアル』。
坂井秀吉他編（1990）『フィリピンの経済開発と開発政策』アジア経済研究所。
坂元浩一（1996）『国際協力マニュアル―発展途上国への実践的接近法―』勁草書房。
坂元浩一（2004）「フィリピンにおける IMF・世銀主導の構造調整計画の実績」、日本国際経済学会全国大会発表。
坂元浩一（2005a）「総合的な国際協力政策を」『世界週報』時事通信社、2005 年 3 月 8 日号。
坂元浩一（2005b）「経済自由化と貧困の実態を見る：現地レポート－フィリピン最新事情」

『世界週報』時事通信社、2005 年 10 月 18 日号。

坂元浩一（2006）「開発援助は貧困削減に寄与するのか：世界の「知」、東京で論戦」『世界週報』時事通信社、2006 年 7 月 4 日号。

坂元浩一（2008）『IMF・世界銀行と途上国の構造改革―経済自由化と貧困削減を中心に―』大学教育出版。

杉山敏啓編（三菱 UFJ リサーチ＆コンサルティング）（2006）『金融の基本教科書』日本能率協会マネジメントセンター。

スティグリッツ（2002）『世界を不幸にしたグローバリズムの正体』、徳間書店。

世界銀行（2005）『世界銀行ガイド』田村勝省訳、シュプリンガー・フェアラーク東京。

西島章次（2002）「ラテンアメリカ経済の現状と課題」西島章次他編著『ラテンアメリカにおける政策改革の研究』神戸大学経済経営研究所。

野沢勝美他編（1990）『フィリピンの規制緩和政策』アジア経済研究所。

橋本優子・小川英治・熊本方雄（2007）『国際金融論をつかむ』有斐閣。

速水祐次郎（1996）『開発経済学：諸国民の貧困と富』創文社。

原　洋之介（1996）『開発経済論』岩波新書。

原　洋之介（2001）『現代アジア経済論』岩波書店。

細野昭雄（2002）「ラテンアメリカにおける改革と制度の構築：主要国の比較分析」西島章次他編著『ラテンアメリカにおける政策改革の研究』神戸大学経済経営研究所。

毛利良一（2001）『グローバリゼーションと IMF・世界銀行』大月書店。

柳原　透、三本松進編（1997）『東アジアの開発経験』アジア経済研究所。

矢内原　勝（1994）『世界経済：歴史・理論・現状』文眞堂。

矢内原　勝（1995）「サハラ以南アフリカ諸国の経済開発のなかでの政府の役割」『国際経済論集』常葉学園浜松大学、第 2 巻第 2 号、1995 年 12 月。

矢内原　勝編（1996）『発展途上国問題を考える』勁草書房。

謝　辞

　2008年6月刊行の拙著『IMF・世界銀行と途上国の構造改革—経済自由化と貧困削減を中心に—』に引き続いて、本書の企画を採用して下さった大学教育出版代表取締役、佐藤守氏と編集スタッフの皆様にお礼申し上げます。また、本書の原稿作成に関わった著者の秘書、黒澤陽子氏に感謝いたします。

2009年5月

著　者

■ 著者略歴

坂元　浩一　(さかもと　こういち)

1953（昭和28）年、鹿児島市生まれ。
慶應義塾大学経済学部、同大学院博士課程修了、博士（経済学）。
国連派遣アフリカ政府マクロ経済顧問（4年間現地駐在）、（財）国際開発センター副主任研究員、慶應大学講師などを経て現在、東洋大学国際地域学部国際地域学科教授。
他に、途上国人官僚・日本人技術協力専門家・公務員の研修講師（環境省、経済産業省など）、ODAコンサルタント、インド政府貿易振興局アシスタント、日本政府派遣専門家（パキスタン派遣）。
専門分野は開発経済学、国際経済学、経済協力論。

主な業績

"Balance of Payments Support Aid in Japan," *IDS Bulletin*, British Institute of Development Studies, 1996.
『国際協力マニュアル―発展途上国への実践的接近法―』勁草書房、1996年
『IMF・世界銀行と途上国の構造改革―経済自由化と貧困削減を中心に―』大学教育出版、2008年
他に、多数の論文、ODA調査報告書がある。

新興市場国サーベイ
―グローバル・スタンダードと構造改革―

2009年8月20日　初版第1刷発行

- ■ 著　　者 ──── 坂元浩一
- ■ 発 行 者 ──── 佐藤　守
- ■ 発 行 所 ──── 株式会社 大学教育出版
　　　　　　　　〒700-0953　岡山市南区西市855-4
　　　　　　　　電話（086）244-1268　FAX（086）246-0294
- ■ 印刷製本 ──── モリモト印刷㈱
- ■ 装　　丁 ──── ティーボーンデザイン事務所

© Koichi Sakamoto 2009, Printed in Japan
検印省略　　落丁・乱丁本はお取り替えいたします。
無断で本書の一部または全部を複写・複製することは禁じられています。
ISBN978-4-88730-917-3

IMF・世界銀行と途上国の構造改革
―経済自由化と貧困削減を中心に―
坂元浩一　著
ISBN978-4-88730-837-4
定価 2,940 円(税込)
経済自由化・貧困削減政策に焦点を当てて、分析と評価をして包括的に行う。

現代世界経済の基層
―ゆるやかな需要過程―
高良倉茂　著
ISBN4-88730-609-1
定価 2,730 円(税込)
消耗品化の流れに抗する現代世界経済分析を試み、世界経済論議に一石を投ずる。

アジアビジネスの基礎
鈴木康二　著
ISBN978-4-88730-740-7
定価 3,150 円(税込)
アジアビジネスに携わりたい人のために、基礎的事項を包括的に述べる。